おだやかに過ごす はじめてのソロキャンプ

first solo camp for calm time

モリノネ

はじめに

はじめまして。モリノネと言います。大分県在住で自然や田舎の風景や、キャンプ・アウトドアを中心に、ＹｏｕＴｕｂｅやＳＮＳで発信をしています。

この本では、僕自身がソロキャンプをする上での楽しみ方や、キャンプ場での過ごし方、気を付けていることなどについて書いています。

あくまで僕の楽しみ方なので、一般的なソロキャンプについて細かく解説するハウツー本とは少し異なる部分もあるかもしれません。

正直に言うと、自分がソロキャンプについて誰よりも深い知識や特別なスキルを持っているとは思っていません。

僕としては、キャンプを楽しむために

は、最低限のマナーや安全面の知識はもちろん必要ですが、経験やスキルはそれほど重要ではないと思います。

僕にとって、ソロキャンプの楽しみは、誰にも邪魔されずに、自然に近い場所でリラックスして過ごせること。道具やスキルのことは気にせず、自分らしく過ごすのが一番だと思います。

この本では、僕なりのキャンプ場でのおだやかな過ごし方について紹介しています。キャンプを始めたばかりの方、やってみたいけど何から始めればいいか分からない方に、役立つ情報も多く入れてみました。

これからソロキャンプを始めようと考えている方に、この本の内容が少しでもお役に立てば嬉しく思います。

モリノネ

Contents

—chapter. 3　キャンプレシピ

—chapter. 4　デイキャンプを楽しもう

ソロキャンプの心得

tips for solo camp

これからキャンプを始める方に知っておいてほしいことをまとめました。
まずはこの5つをチェックして、ソロキャンプ生活を始めましょう。

1 — 自分のペースを大切に

ソロキャンプを始めたばかりの人は、他のキャンパーさんと自分の技術や、持っている道具などを比較してしまうことも少なくないと思います。でも、ソロキャンプの醍醐味は何より、自分のペースで自由に過ごすこと。過度に周りのことは気にせず、自分が楽しいと感じる過ごし方をすることが大切です。

2 — 何もしない時間を楽しむ

「キャンプに来たはいいけれど、何をして過ごせばいいか分からない」という人もいるかもしれません。キャンプ場では、ただイスに腰掛け、焚き火を眺めているだけでも大丈夫。ゆらゆらと揺れる炎を見ていると、おだやかな気持ちになり、心が落ち着いてくるはず。無理に何かをする必要はありません。

3 — 頑張りすぎない

テント設営に火おこし、料理、後片付け……。キャンプは意外とやることが多く大変。つい気合を入れて頑張りたくなりますが、無理はしないことが大切です。時には設営の簡単なテントを使ったり、ガスバーナーやインスタント食品で食事をすませたり。ほどよく力をぬきながら楽しみましょう。

4 — 心地よく過ごす工夫をする

自然と一体化したようなワイルドなキャンプももちろん楽しいですが、心地よい時間を過ごすための環境にこだわることもひとつのポイント。寝袋にこだわったり、なるべく静かなキャンプ場を選んだり。お気に入りの寝袋に入り、夜空を眺めて深呼吸するひとときは何ごとにも代えがたい時間のはず。

5 — 不自由も楽しむ

キャンプ場では電気やガスが通っていなかったり、気候に左右されたりと、普段の生活では経験しないような不自由さを感じることも。ですが、それが自然の中で過ごすということ。僕は、不自由さも当たり前のことと捉えて楽しむようにしています。非日常を味わうことも、キャンプの魅力のひとつです。

はじめてのソロキャンプ

my first solo camp

僕がキャンプを始めたのは、社会人になったばかりの頃。もともと学生時代から登山やアウトドアに興味があり、休日はカメラを手に1人で山に出かけていました。社会人になって趣味に使えるお金に余裕ができた時、ホームセンターで道具を買い揃え、わくわくしながらキャンプ場へ向かったことを今も鮮明に覚えています。

当時、ホームセンターのキャンプ道具コーナーは今ほど充実しておらず、僕自身もそれほど経済的な余裕はありませんでした。調理道具やカトラリーは自

宅のキッチンで普段使っているものを持参したり、寒さをしのぐ毛布は寝室から引っ張りだしたりして、キャンプ場へ向かうような有り様でした。なんでもかんでも持って行くので、車の中はパンパンで、荷物の出し入れもままならなかったほど。

キャンプ場に着いても行き当たりばったり。説明書を読みながらテントを立てるから、いつまで経っても終わらないし、忘れ物も日常茶飯事でした。

必要な道具をリスト化して、事前に確認しているにもかかわらず、キャンプ場に到着するとなぜか足りない。ライターや灯具を忘れて、慌てて買い出しに向かったり、管理人さんに頭を下げて貸してもらったことも。

はじめてのソロキャンプ

my first solo camp

山の寒さを甘く見た結果、寒さで一睡もできなかったこともあったし、天気予報が外れ、びしょ濡れのテントと荷物を車に詰めて、肩を落としながら帰ったこともありました。

それでも、焚き火を囲んで、ちょっとした料理をつまみながら夜に星空を眺めるだけで、「やっぱりいい時間だな、来てよかった」という気持ちが込み上げてきたことを覚えています。今でもキャンプ場で感じる、このおだやかで心地よい気持ちは変わりません。

あれから十数年、回を重ねるにつれて、キャンプのスタイルは当時と比べるとだいぶ変化しました。「ここだけは押さえておこう」という自分なりの経験

則ができ、忘れ物や失敗の回数もぐっと減りました。

キャンプ道具は徐々に整理され、小型・軽量なものへと置き換わっていきました。持っていく道具も自分の中で定番化され、大幅に少なくなりました。

店頭で見かけるキャンプ道具も、ここ数年で劇的に進化しています。以前よりも設計やデザインが洗練された製品が入手しやすくなったのは、僕としても嬉しいところ。より軽量化された素材や、ソーラーで発電するポータブル電源、難燃性のダウンジャケットなど……。数え上げるときりがないほどです。

キャンプに関する情報も、以前より格段に入手しやすくなりました。基本的なマナーから道具の使い方、近場のキャンプ場情報まで、これまで一部の人しか知らなかったような情報が、ＳＮＳやＹｏｕＴｕｂｅで発信されています。僕が始めた頃と比べると、キャンプのハードルはずいぶん下がったように思います。

キャンプをとりまく状況が変わっても、失敗を積み重ねながら、自分なりの道具やスタイルを少しずつ見つけていくという醍醐味は、変わりません。そしてそれこそが、キャンプを長く続けたくなる魅力のひとつなのではないかと僕は考えています。

ソロキャンプの注意点

notes on solo camp

せっかくのキャンプも、マナーやルールを守れていなければ台なしに。
キャンプを心ゆくまで楽しむために、まずは注意事項をしっかり守りましょう。

1 火器・刃物の基本知識を身に付ける

刃物を使う時にグローブを着けていなかったり、斧を振り下ろした先に足があったり。正しい使い方を知らないと、大事故に繋がることも。道具について、安全な知識を身に付けることは大切です。最近はキャンプブームでさまざまな講座が開かれているので、そうした場を利用してもいいでしょう。

2 キャンプ場ごとのマナーを守る

SNSでキャンプについて調べていると、必ずと言っていいほど見かけるのがマナー問題。夜間に大きな音を出さない、ゴミを放置しないなど、最低限のマナーを守ることは当然ですが、キャンプ場によっては独自のマナーがあることも。キャンプ場に着いたら、まず禁止事項やルールを確認しましょう。

3 無理せずデイキャンプから始める

せっかく出かけたのに、設営に時間がかかったり、慣れないテントでよく眠れなかったり……。癒やされるはずが、逆に疲れてしまった。キャンプを始めたばかりの方からよく聞く声です。まずは、デイキャンプで設営や道具に慣れましょう。実際にキャンプ場に行くことで、宿泊のイメージもしやすくなります。

4 — 天候・気温には要注意！

山間部や海、川の近くにあるキャンプ場は、市街地とは環境が異なります。場所によっては、夏でも夜から朝にかけて冬のような寒さを感じたり、突然雨や霧が発生したりすることも。天候の変化に備えることも大切ですが、不安があるなら無理をせず、日程を変更することも視野に入れてみてください。

5 — 混み合わない場所・時期を探す

キャンプブームの影響で、人気のキャンプ場では休日は予約が取れなかったり、人であふれかえって落ち着かなかったりする場合も。静かな時間を楽しみたい方は、混雑を避けて平日に予約するといいでしょう。人気のキャンプ場以外にも目を向けてみると、意外なスポットが見つかるかもしれません。

6 — 慣れてきたら、キャンプ場以外にもチャレンジ！

より自然に近い場所で楽しみたいなら、野営地や河原、海岸、知人づてに私有地を借りるなどもおすすめ。場所によってはキャンプや野営が禁止されていたり、近くにトイレがなかったりすることもあるので注意は必要ですが、それでもお気に入りの場所が見つかると、キャンプの楽しみはぐんと広がります。

— chapter. 1

キャンプの準備

camp preparation

キャンプを始める前に、最初に用意したい道具やキャンプ場選びについて紹介します。
お気に入りの道具や場所が見つかれば、キャンプがさらに楽しくなるはずです。

道具のこと　about tools

キャンプの楽しみのひとつが道具集め。僕は新たな道具を手に取るたびに、「この道具でこんなキャンプがしたい」と想像して、楽しんでいます。

そうやって見つけた道具は長く使っていくうちに傷や汚れができ、それが「味」になって自分だけの道具に育っていく。これも、キャンプ道具のまた別な楽しみ方でしょう。

もちろん、実用面も大きな魅力。僕はキャンプ用に購入した調理器具やチェア、テーブルなどを自宅でも使っています。アウトドア用の製品は頑丈で長持ちする上に、コンパクトに収納でき、とても実用的なんです。

はまると奥が深いキャンプ道具の世界。次のページからは、僕のお気に入りを紹介します。

※コーヒー用の道具はP79に掲載。

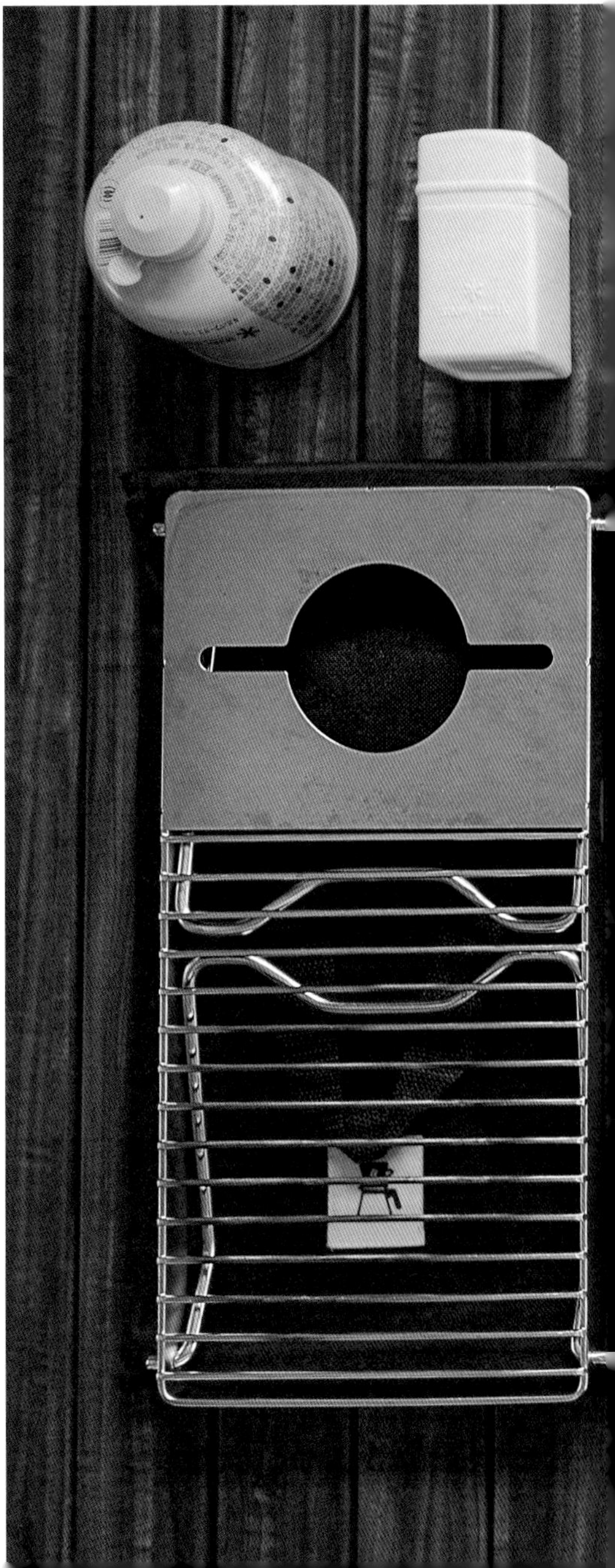

テント・シート

キャンプを始める時に、最初に目がいくのがテント。合わせて揃えたいシートもご紹介します。

BRAND
スナグパック
MODEL
スコーピオン3

最もよく使うテント。小さく収納でき、軽量なのに最大3人入る広さと、雨風にも耐えられる設計が特長。完全に光が遮断されてよく眠れる点や、ミリタリー風の色合いもお気に入り。

BRAND
オガワ
MODEL
トリアングロ

3～4人で過ごせる広さで、ファミリーキャンプに使うことも。タープにインナーテントを接続でき、雨や日差しをよけることも可能。風通しがよく、春夏のキャンプに特におすすめ。

シート

BRAND
オレゴニアンキャンパー
MODEL
防水グランドシート

厚手で防水コーティングがされ、表面の材質がいいのがポイント。キャンプでは荷物置き、ピクニックでは休憩用など使い道もさまざま。四隅にペグを打つためのハトメ付き。

シート

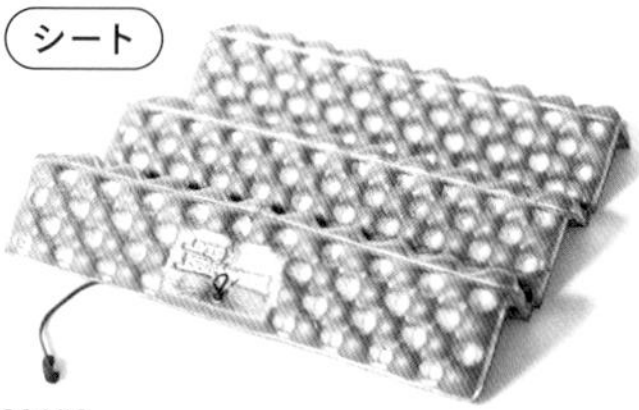

BRAND
サーマレスト
MODEL
アウトドア キャンプ シート
Z シートソル

河原や山など、堅い地面や石が転がっている場所でクッションのように敷いて座ります。断熱素材で、冬は冷気をカットしてくれます。小さく畳めて、かさばらない点も魅力。

寝具

キャンプ場での快適度を左右する寝具。機能性のチェックはかかせません。

枕

BRAND
コールマン
MODEL
コンパクトインフレーターピローⅡ

空気を入れて膨らませる枕で、空気を抜くと小さく収納できます。フィット感の高い形状をしていて、表面には滑り止め加工もあるなど、お気に入りのアイテムです。

寝袋

BRAND
スナグパック
MODEL
ベースキャンプスリープシステム

2枚のレイヤーになった寝袋で、真冬は暖かく、分離すれば春夏も対応可能と、オールシーズン使えます。大きめサイズなので、身長180cmの僕でも問題なく使えます。

マット

BRAND
キャプテンスタッグ
MODEL
EVAフォームマット

寝袋の下に敷くマットで、2cmの厚さと波型のマットで地面の凹凸や硬さを軽減してくれます。冬は冷気も遮断してくれ、キャンプで安眠するためには必須のアイテムです。

ブランケット

BRAND
ロスコ
MODEL
ウールブランケット

ざっくりした風合いのウール地のミリタリーブランケット。膝掛けにしたり、レジャーシートの上や寝袋の下に敷いたりと使い方はさまざま。ミリタリーらしい色がアウトドアにぴったり。

テーブル・チェア

食事や焚き火を眺める時など、くつろぐ時間の必需品。自分の体に合うものを選ぶのが一番です。

テーブル

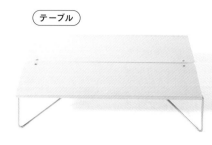

BRAND
ソト

MODEL
フィールドホッパー ST-630

広げるとA4サイズになる小さなテーブル。ワンステップで組み立てられるのが気に入っています。バックパックにもすっぽり収まるので、登山や散策など軽装備の時にも便利。

テーブル

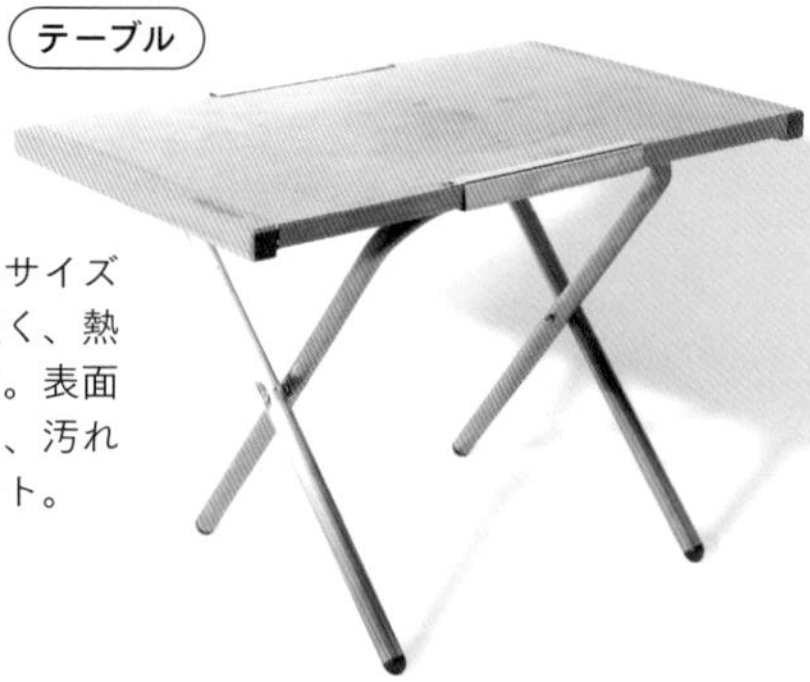

BRAND
ユニフレーム

MODEL
焚き火テーブル

ソロキャンプにちょうどいいサイズ感で、ステンレス製で熱に強く、熱い鍋なども気にせず置けます。表面にエンボス加工がされており、汚れが簡単に落とせるのもポイント。

チェア

BRAND
オガワ

MODEL
ローチェア2

キャンプ用のローチェアとしてはリーズナブルな価格ですが、座った時の安定感がよく、長く座っていたくなります。収納も簡単で、背面にポケットが付いているのも便利です。

収納

道具に合わせた収納を選ぶことで、スペースの節約にもつながります。

BRAND
無印良品
MODEL
ポリプロピレン
頑丈収納ボックス

頑丈な造りで、腰掛けとしての使用も可能。小・大・特大の3サイズあります。用途によってサイズが選べるので、アイデア次第で用途が広がるのも嬉しいところ。

BRAND
トラスコ
MODEL
薄型折りたたみ
コンテナ 50L

強度が高く、小さく折り畳んだり、重ねたりできるので使わない時の収納にも困りません。ロック機構がある蓋付きなのが便利で、キャンプ道具以外の収納でも活用しています。

BRAND
オレゴニアン
キャンパー
MODEL
ロガーバケット
(ウルフブラウン)

薪を入れるためのバケットで、内側に防水コーティングがされた頑丈な素材。薪以外を入れるのにも便利で、薪と一緒に焚き火用の道具や斧など一式を詰めて使うこともあります。

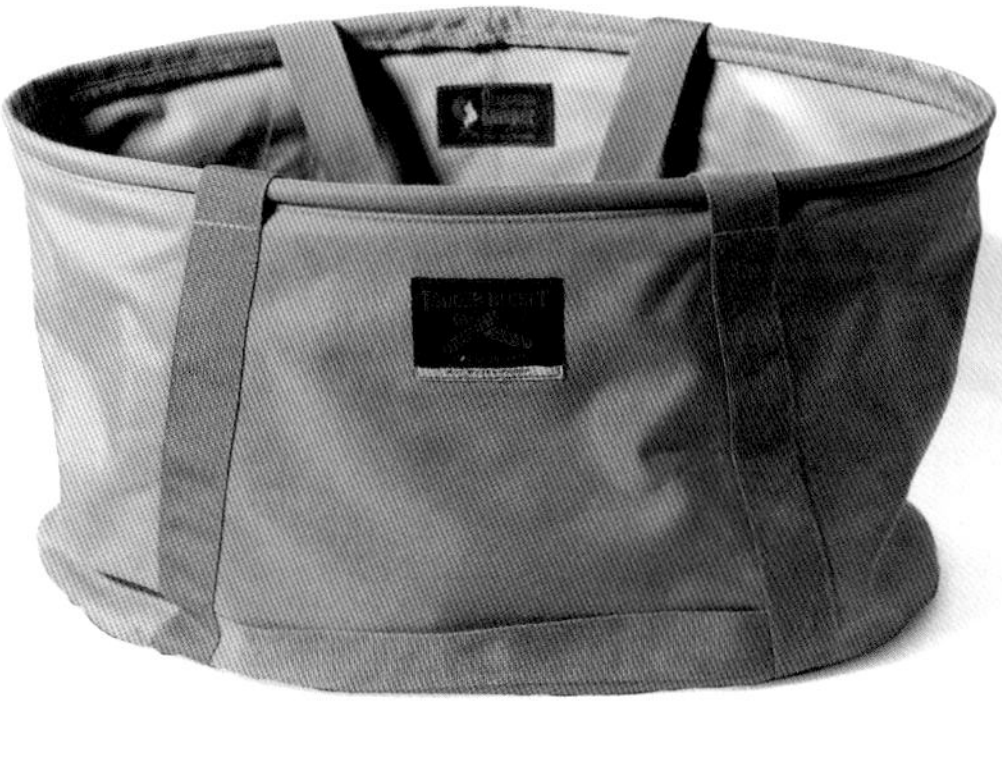

クーラーボックス・ウォータージャグ

クーラーボックスは、容量によって使い分けています。食材の量に合わせて選ぶといいでしょう。

クーラーボックス

BRAND
AOクーラーズ
MODEL
24パック キャンバス
ソフトクーラー

保冷力があり、軽量で持ち運びやすいのが特徴。約23Lの容量は1泊2日のソロキャンプには十分。前面に収納が付いていたり、水洗いできたりと便利な機能が多い点も魅力です。

クーラーボックス

BRAND
ベアボーンズ
MODEL
パスファインダー

約10Lという容量で、デイキャンプやハイキング、それほど保冷する食材が多くないソロキャンプ向きのサイズ。保冷力・機能性ともに高く、満足度の高い製品です（現在は廃盤）。

ウォータージャグ

BRAND
スタンレー
MODEL
ウォータージャグ
3.8L

水場が近くにないキャンプ場などで便利です。持ち手や蛇口が大きく作られており、持ち運びもしやすく、アウトドアらしいデザイン。分解できて洗浄もしやすく、清潔に使えます。

ランタン・照明・熱源

明かりや炎を確保するのにかかせない道具たち。ランタンやライトは目的別に合わせて使い分けて。

ランタン

BRAND
レッドレンザー
MODEL
ML6 Warm Light

ソロキャンプで十分な明るさを得られる小型のLEDランタン。防水性・耐衝撃性もあり、充電式で繰り返し使えます。明るく、手軽に使えるため、手放せないアイテムです。

BRAND
コールマン

ランタン

MODEL
アジャスタブル
ワンマントルランタン

長年愛される、キャンプらしいデザインが魅力のガソリンランタン。少し手間がかかりますが独特の温かい光は趣があり、キャンプサイトの雰囲気作りに役立ってくれます。

ヘッドライト

BRAND
ブラック
ダイヤモンド
MODEL
スポット350

夜間に行動する時に、絶対に必要なのがこのヘッドライト。防水性や明るさ調整機能はもちろん、軽量で違和感なく装着できる使い心地が気に入っています。

BRAND
スノーピーク

バーナー

MODEL
ギガパワーストーブ
地 オート

BRAND
ソト

バーナー

MODEL
レギュレーターストーブ
モノトーンモデル ST-310MT

※写真は別売りのオプションパーツ付き。

スノーピークのバーナーは、小型でソロキャンプや登山でお湯を沸かす時に使用。ソトのバーナーは、比較的大きな五徳で安定感があり、火力も強く料理向きです。

焚き火道具

焚き火台は大きさ別に複数所有しています。
刃物類は薪の太さによって使い分けしています。

焚き火台

BRAND
ユニフレーム
MODEL
ファイアグリル

バーベキュー台としても使える焚き火台。オプションで専用ケースやケトルを吊るすハンガーなども取り付けられ、徐々に凝った使い方をしたいという方にもおすすめです。
※写真は別売りのオプションパーツ付き。

ターボライター

BRAND
ソト
MODEL
スライドガストーチ
モノトーンモデル ST-480MT

先端を伸ばせて、薪の奥にある着火剤に火を付けるのに便利。ガスは充填式で繰り返し使え、ターボライターのため火付けもスムーズ。焚き火には欠かせない道具のひとつです。

焚き火台

BRAND
ユニフレーム
MODEL
ネイチャーストーブ ラージ

ステンレス製の焚き火台で、収納するとバックパックに収まるサイズ。五徳が大きく頑丈で、料理にも使えます。長く使っていると写真のような独特の風合いになっていきます。

刃物類

それぞれ薪を割るために使用。手斧は打撃力が強く、硬い薪も割れます。切れ味のいいポケットボーイは直径5cmまでの枝に、コンパニオンはバトニング（ナイフを使った薪割り）用に。

BRAND
ハスクバーナ
MODEL
手斧 38cm

BRAND
シルキー
MODEL
ポケットボーイ

BRAND
モーラナイフ
MODEL
コンパニオン

火吹き棒

BRAND
VARGO
MODEL
アルティメット
ファイヤースターター

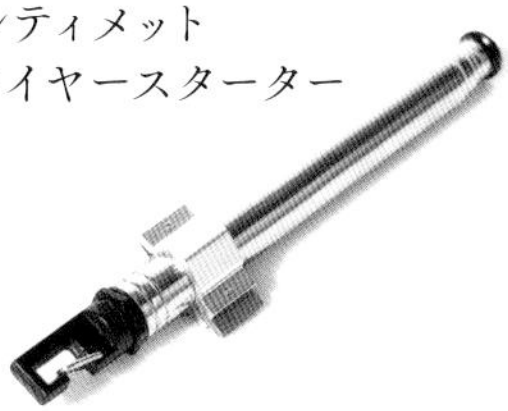

ファイヤースターター（火打ち石）と火吹き棒がセットになった製品。焚き火中は火吹き棒を頻繁に使いますが、ファイヤースターターでの着火も楽しみのひとつです。

火ばさみ

BRAND
スノーピーク
MODEL
火ばさみ

焚き火には必要不可欠な火ばさみ。こちらは定番の形状で使いやすく、ステンレス製で頑丈なため長く使える製品です。グリップにビーチ材が使われているのが特徴。

五徳

BRAND
ハイマウント
MODEL
アジャスタブルグリル

頑丈で安定感ある五徳として、大きく重い鍋などを置くのに適しています。高さが変えられるので、焚き火だけでなくガスバーナーを下に置いて使うのにもちょうどいいです。

調理器具

スキレットやホットサンドメーカーは、普段使いできるものを。
使い込むほどに味が出るものばかりです。

スキレット

BRAND
ロッジ
MODEL
スキレット
6 1/2インチ

熱効率がよく、肉料理はもちろん、蓋の上に炭などを置いて使うこともできます。1人で使うのにちょうどいい大きさで、自宅で料理をする時に使うこともあります。

ホットサンドメーカー

BRAND
バウルー
MODEL
サンドイッチトースター
シングル

長く愛用しているホットサンドメーカーで、主に朝食にホットサンドを作るのに使っています。バーナーさえあれば、手間いらずで簡単に作れるのが嬉しいポイントです。

BRAND
ユニフレーム
MODEL
キャンプケトル

BRAND
GSI
MODEL
グレイシャーステンレスケトル

ケトル

ユニフレームのものは、吊り下げ用のひっかけ付きで焚き火向き。容量も1.6Lとたっぷり入ります。GSIのものはザックに入る小さめサイズで、登山やハイキングにもおすすめ。

BRAND
ダグ
MODEL
焚火缶

飯ごう・クッカー

トランギアのものは、1人分のごはんを炊く用。ガスバーナー以外に、アルコールバーナーや固形燃料での使用も可能。ダグの焚火缶はごはんのほか、スープを作る時にも使っています。

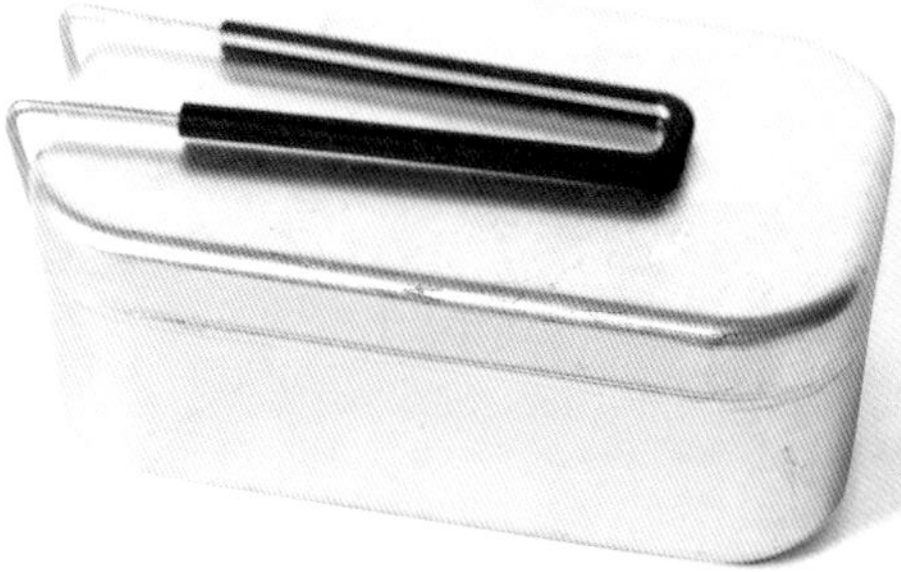

BRAND
トランギア
MODEL
メスティン

BRAND
エバニュー
クッカー
MODEL
チタンマグポット500 RED

チタン素材で軽量。550mlとやや大きめで、インスタントスープを作ったり、コーヒーケトル代わりに使ったりしています。計量目盛り付きで調理しやすいです。

BRAND
オピネル
ナイフ
MODEL
ナイフNo.8

木製の柄が特徴的なフランスメーカーのナイフ。小さく折り畳め、果物や食材などをカットするのに便利です。サイズや素材の種類が豊富で、用途に合ったものを選べます。

BRAND
ユニフレーム
焼き網
MODEL
ミニロースター

焼き網と、炎を熱に変換する耐熱メッシュがセットになったロースター。食パンをガスバーナーで焦がさずに焼いたり、缶詰を温めたりとアイデア次第でさまざまな使い方が可能。

テーブルウェア

収納のしやすさ、機能性の2点が大切。特にシェラカップは機能性が高く便利。

BRAND
ユニフレーム
MODEL
UFシェラカップ 300

シェラカップ

どちらも計量目盛り付きで、ユニフレームのものはお米を量るのに便利。素材はステンレス製です。ベルモントのものはチタン製。深型でお湯を沸かす時などに使っています。

BRAND
ベルモント
MODEL
BM-327 チタンシェラカップ
深型480フォールドハンドル

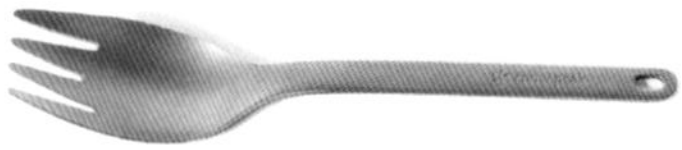

BRAND
スノーピーク
MODEL
スクー

スプーン

フォークとスプーンが一体になったような形で、これ一本あれば十分食事ができます。ソロキャンプはもちろん、山歩きなどで荷物をコンパクトにまとめたい時にも便利です。

まな板

BRAND
ケヴンハウン
MODEL
カッティングボード

キャンプ用の製品ではありませんが、サイズがちょうどよくキャンプでも活用しています。まな板としての用途はもちろん、料理をそのまま置いて食べることもあります。

BRAND
スノーピーク
カップ

MODEL
チタンダブルマグ 220ml

チタンの二重構造で作られたマグカップ。保温性・保冷性に優れ、冬の屋外でコーヒーを入れても冷めにくいです。小さめで、バックパックに収納するのにも困りません。

BRAND
ユニフレーム
カップ

MODEL
スタッキングマグ350 チタン

チタン素材のマグカップ。シェラカップによく似た形状で、重ねて収納することができるため、ファミリーキャンプなど、マグを複数持って行く時には特に便利です。

BRAND
スタンレー

MODEL
クラシック真空ボトル1L

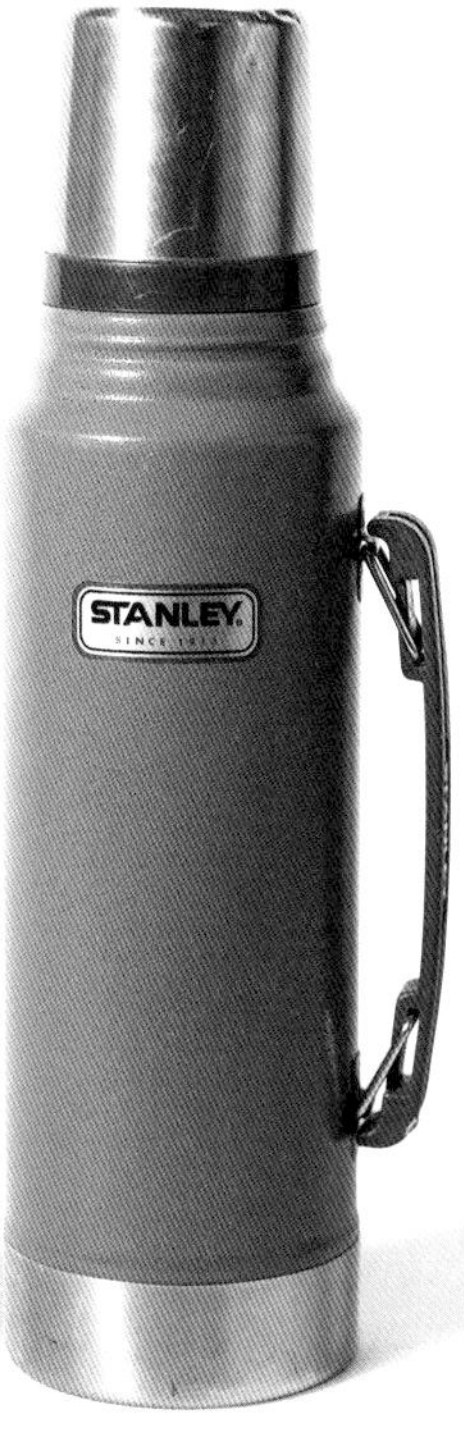

BRAND
スタンレー

MODEL
ゴーシリーズ真空ボトル0.47L

ボトル

どちらも保温・保冷性が高く、頑丈な作りで実用性が抜群です。1Lのボトルは大きめで1泊2日のキャンプ向き、0.47Lのボトルはデイキャンプや、自宅・オフィスで使うことも。

道具のメンテナンス方法

道具を長く使うために必要なメンテナンス。実はそれほど難しくありません。
ここでは、最低限必要なことを紹介します。

□- 鉄製品はオイルでサビ対策

スキレットや鉄のフライパンに焦げが付いたら、たわしなどで汚れを落とし、沸騰したお湯で洗い流しましょう。サビを防ぐためにも、なるべく洗剤は使わず、洗った後は仕上げに薄くオリーブオイルや食用油を塗って保管します。

□- 使用後のテントは乾かす

キャンプ後のテントは露で湿っているため、風通しのいい場所で干し、汚れを拭いて収納しましょう。車の上などで乾かすと後が楽です。最近はテント専門のクリーニングもあるので、カビが気になる時は利用してみても。

□- 金物・刃物は定期的に研ぐ

切れ味が悪くなり始めた刃物は、砥石で研ぎましょう。僕は、薪割り斧は切れ味がよすぎても危ないのでよほど気になった時に研ぐ、調理用ナイフは使い勝手がいいように定期的に研ぐなど、用途によって頻度を変えています。

Column パッキングのコツ

（右上）調理用具や焚き火道具など、用途別にボックスに収納。（右下）クッカーやシェラカップなどは、かさばらないようにスタッキング。（左）頑丈なボックスと、軽くて柔らかい布製バッグをうまく組み合わせてラゲッジに収納します。

たとえソロキャンプでも、細かい道具を合わせると膨大な量の荷物になります。どのように収納するかは、いつも頭を悩ませています。

僕は、収納ボックスや車のラゲッジなど、四角いスペースに収納する場合は順番に積み込むのではなく、まず荷物を全て広げて何があるのかを確認しています。次に、なるべく大きな荷物から順番に、テトリスのように隙間を作らずに詰めていきます。頑丈なものは下に、すぐに取り出すものは手前に置きます。

また、クッカーやシェラカップは、スタッキング（重ねて収納）できるものも。手持ちの道具に、スタッキングできるものを増やすと収納スペースを有効活用できます。

収納を工夫することも大切ですが、道具を少なくしたり、軽くて小さな道具を選んだりするとパッキングがぐっと楽になります。

キャンプ場の選び方

ひと言でキャンプ場と言っても、いくつか種類があります。
自分に合ったキャンプ場が見つかると、楽しみは一気に広がります。

□- 区画サイト

1区画ごとに分かれているのが区画サイト。隣のキャンプサイトとも明確に区分けされているので、突然真横にテントが張られてがっかりした、という事態も避けられます。フリーサイトよりも料金が高い場合が多いですが、専用スペースがほしい方にはおすすめです。

□- フリーサイト

区画サイトとは異なり、場所が区分けされていないため、好きな場所にテントを張ることができます。お客さんが少ないときは眺めのいい場所を広々と使える反面、混雑する時季には狭い場所や眺めのよくない場所で我慢しなければいけない場合もあります。

□- オートキャンプ場

キャンプ場内に車を持ち込めるキャンプ場。自分のキャンプサイトの真横に車を停められる場合も多く、荷物の積み下ろしや撤収が圧倒的に楽になります。逆に、車を近くに停められない場合は荷物の運搬も考慮し、道具を少なくする必要があるかもしれません。

キャンプ場選びのチェックリスト

check list of campsite

キャンプ場選びで大切な設備面。特に慣れないうちは、
設備が整ったところを選ぶと、いざという時にも安心して過ごせます。

1 – 管理人が常駐しているか

キャンプには、思わぬトラブルが付きもの。忘れ物やちょっとした失敗はもちろん、事故や自然災害もないとは言えません。万が一に備えて、相談できる管理人さんが常駐しているキャンプ場を選ぶことをおすすめします。

2 – トイレの有無

キャンプ場には普通はトイレが付いていますが、まれにほとんど管理されていない無料キャンプ場では、トイレが使えなかったりトイレットペーパーがないことも。宿泊する前に、一度トイレについて調べておきましょう。

3 – シャワーやお風呂の有無

シャワーやお風呂がなくてもキャンプはできますが、個人的にはお風呂があるのとないのとでは、疲れ方が全く違います。キャンプ場でのんびりしたいという方は、入浴施設があるキャンプ場を選ぶといいでしょう。

4 – 薪や道具の販売・レンタル

キャンプを始めたばかりの頃は、忘れ物が多いもの。レンタル用品や道具の販売が充実しているキャンプ場なら、いざという時にも困りません。いきなり全ての道具を揃えることに抵抗がある方も、レンタルはおすすめです。

5 – 周辺の買い物施設

食材や飲み物、調味料や箸は、最初の頃は意外と忘れやすいもの。近くにスーパーやコンビニがあれば、そんな時にも慌てずにすみます。キャンプ場の近くに買い物ができる施設があるか、事前にチェックしておきましょう。

6 – 避難場所の有無

急な大雨の際に、避難できるような管理棟や東屋があると安心。屋根付きの炊事棟は調理だけでなく、雨が降ってきた時に避難することもできます。山間部では突然天気が変わりやすいため、避難場所の有無は重要です。

— *chapter.* 2

ソロキャンプをしよう

let's start a solo camp

準備ができたら、早速キャンプを始めましょう。
1泊2日のソロキャンプを例に、キャンプの流れをご紹介します。

ソロキャンプの醍醐味は、自然に近い場所で自分だけの時間を過ごすこと。友人や家族と過ごすキャンプももちろん楽しいですが、それとはまた違った時間の過ごし方ができることが大きな魅力です。

好きな時間に焚き火を眺め、好きな食べ物を自分のペースで味わう。普段ゆっくり考えごとをする時間がないのなら、自身を振り返る時間にしていいし、何も考えずに、ひたすら静かな時間を楽しんでもいい。誰かの好みやペースを意識する必要はありません。

自然を身近に感じながら、1人で好きに過ごす時間は、きっと日常では味わえない特別な時間になるはずです。

ソロキャンプのルーティン

／　1泊2日　／

routine of solo camp / It's an overnight trip

焚き火を見てゆっくりくつろいだり、アウトドアならではの料理に挑戦したり……。

やりたいことはいろいろあっても、1泊2日のキャンプは意外と時間が限られています。特に初めてのキャンプでは、テントや道具の準備に想定外の時間がかかってしまうことも。

そこで、ある1泊2日のソロキャンプを例に、僕のキャンプ場での過ごし方を紹介します。前日の準備や、必要な持ち物リストなども載せているのでぜひ参考にしてみてください。

あくまで一例なので、季節や天候に合わせて準備を変えることも重要。快適に過ごす工夫をしながら、自分のキャンプスタイルを探してみてください。

ソロキャンプの持ち物リスト

list of belongings

一般的な1泊2日のキャンプに必要なものをまとめています。
持ち物はキャンプ場の設備に合わせて、調整してみてください。

テント

- □ テント
- □ ペグ
- □ ペグハンマー
- □ グランドシート

ファニチャー

- □ テーブル
- □ チェア
- □ クーラーボックス
- □ 収納

寝具

- □ 寝袋
- □ マット

熱源・ライト

- □ ガスバーナー
- □ ガス缶
- □ 携行用ライト（ヘッドライトなど）
- □ ランタン

焚き火道具

- □ 焚き火台
- □ 着火具（ターボライター、マッチなど）
- □ 着火剤
- □ 薪・炭
- □ 耐熱グローブ
- □ 火ばさみ

テーブルウェア

- □ マグカップ
- □ 皿
- □ 箸・スプーン

調理器具

- □ 包丁・ナイフ
- □ まな板・カッティングボード
- □ ケトル
- □ クッカー・フライパン
- □ 調味料
- □ キッチンペーパー
- □ スポンジ・洗剤

その他

- □ 着替え
- □ タオル
- □ 歯ブラシ
- □ 食材
- □ ウェットティッシュ・ティッシュペーパー
- □ ゴミ袋
- □ 応急セット・常備薬
- □ 虫除け

前日の準備

preparation for the day before

(20:00)昼のうちに買い出しをすませ、夜に食材の下準備をスタート。肉は下味を付け、野菜は事前に食べやすい大きさにカットします。複数メニューを調理する場合は、料理ごとに食材をパッキングしておくと便利です。

キャンプをスムーズにする事前の準備

キャンプの準備は、前日から始まります。

まず、夜までに必要な道具を確認し、食材と貴重品以外は車に詰めてしまいます。もし当日に買い足すものがあれば、この時に書き出しておきましょう。

食材の買い出しも前日までに終わらせておくことが大切。当日に買い出しをすると、足りないものがあったときに出発が遅れる場合があるためです。

食材が揃ったら下準備。野菜は手頃な大きさに切り、肉は下味を付けて、保存袋に入れて冷凍します。こうすることで、当日スムーズに調理ができます。

1日目：朝

day1: morning

(8:00)キャンプ場までの道のりを楽しむために、朝早くに出発。(9:00)途中に採水場がある場合は立ち寄って、水を汲んでいきます。(10:00)道の駅ではスーパーなどでは見かけない食材と出合えることも。

キャンプ場までの道も思い出作りに

キャンプ当日はいつもより早起き。前日に準備していた食材をクーラーボックスに詰めたら車に乗り込み、キャンプ場へと向かいます。僕はいつも8時頃には車を出し、ドライブ気分でキャンプ場までの道中を楽しんでいます。

　コーヒー用に山の採水場で湧き水を汲んだり、道の駅で食材をみつくろったり。特に道の駅では、旬の野菜や貴重なジビエ肉などが手に入り、その日の夕食のメインメニューになることもあります。

　こうした散策も、キャンプの思い出のひとつです。

11:00 キャンプ場は11時頃からチェックインできることがほとんど（場所によっては13時など少し遅いことも）。すぐにテントを立てたり荷解きをして、自分のスペース作り。だいたい30分ほどで準備が終わります。

周囲のチェックと設営は明るいうちに

キャンプ場に到着するのは、だいたい11時頃。チェックインをすませたらすぐにテントの設営を始めます。

テントが立てられたらテーブルやイスの組み立て、荷物の整理に取りかかります。僕はテントの周りが物でごちゃごちゃするのが苦手なので、調理器具や焚き火道具など、用途別にまとめるようにしています。これで自分のスペースが完成です。

ひと段落したら、明るいうちにキャンプ場の設備の確認に行きます。管理棟の位置や足場が悪い場所など、暗くなる前にチェックしておくと安心です。

管理されたキャンプ場とはいえ、場所によってはマムシやスズメバチ、ヒルなどが出ることも。散策時には、緊急事態に備えて、バックパックに最低限の薬やスマートフォンなどを入れて出かけると安心です。

薪を拾うために、ポケットサイズののこぎりとグローブを携帯して散策へ。拾った薪はその場でちょうどいいサイズに切って、紐で束ねておきます。薪が湿っている場合は、日なたなどで乾かしておきましょう。

散策をしながら薪拾いを楽しむ

設営が終わって落ち着いたら、付近の森や河原の散策へ。カメラを片手に自然の中を歩きながら、気になる風景を見つけて撮影します。

散策中は、その日の夜の焚き火で使う薪を拾い集めています。実は、この時間が僕の楽しみのひとつ。木の種類や薪の太さによって焚き火の燃え方が変わるため、「この薪はどんな焚き火になるかな」と想像するだけでわくわくしています。

中でも、松ぼっくりは油がつまっていて着火剤として役立つので、見つかると特に嬉しいものです。

昼

(12:30)この日はインスタントのたまごスープとご飯で、ごく軽い昼食に。簡単な食事でも、自然の中で食べると不思議といつもよりも美味しく感じます。これから夕食までの時間は、のんびり過ごします。

昼食はインスタントやレトルトで簡単に

設営や薪拾い、周囲の散策をしていると、あっという間にお昼の時間になってしまいます。1日目のお昼ごはんは、簡単にすませることがほとんど。焚き火はせず、ガスバーナーでお湯を沸かし、用意していたインスタント食品やレトルトを食べることが多いです。

午後は何もせずにゆっくりした時間を過ごしたいので、昼食に使う道具は最小限に抑えて、片付けの手間を減らすことがねらいです。その分、夕方以降はゆっくりと時間をかけて調理をし、夕食の時間を楽しんでいます。

ゆっくりとした時間の過ごし方

how to spend a relaxing time

キャンプ場での午後は、無理に何かをしようとせずにのんびり過ごしています。
こうした時間もキャンプならではの魅力です。

コーヒータイム

お気に入りの道具でコーヒーを淹れるのは、僕の定番の過ごし方。いつもその場で豆を挽いて、じっくり時間をかけてハンドドリップしています。キャンプ場に来る途中に採水場に立ち寄った場合は、そこで汲んだ水を使って淹れています。

読書

僕は、もともと旅行をしながら本を読むのが好きでしたが、キャンプ場やテントの中も、リラックスして読書できるので気に入っています。誰かから話しかけられることもなく、1人のんびり読書をする時間は、とても贅沢な気分に浸れます。

温泉めぐり

実は温泉めぐりが趣味で、キャンプ場に温泉が併設されていたり、近くにある場合は必ず入るようにしています。自然の中で過ごす時間も好きですが、キャンプの夜に温泉に入ると心からリラックスでき、おだやかな気持ちになれます。

音楽鑑賞

お気に入りのイスに座って、イヤホンで好きな音楽を聴きながらのんびりする時間は至福のひととき。ソロキャンプは誰かと会話をすることもほとんどないため、イヤホンをしていても困らない点も音楽好きとしては嬉しいところです。

夕方

evening

16:00 夏場は暑さがやわらぐ16時頃、冬場は少し早い15時頃から焚き火を始めます。薪の太さや、針葉樹か広葉樹かなど種類によって燃え方が変わるため、その時季・その場所だけの焚き火を楽しむことができます。

夕方からの焚き火は最大の楽しみ

陽が沈む前の16時頃から焚き火の準備をスタート。僕がキャンプ場で最も好きな時間は、夕方から夜にかけて、ゆっくり火を起こして焚き火を眺めるこの時間です。

火が育ってきたら、ケトルにたっぷりの水を入れてお湯を沸かします。徐々に大きな薪をくべていったら、料理の準備にとりかかっていきます。

時には、焚き火をしながら写真撮影をすることも。山間部のキャンプ場は夕方になると空気が冷たく、天気がよければ美しい夕焼けを見られるため、絶景をおさめるチャンスです。

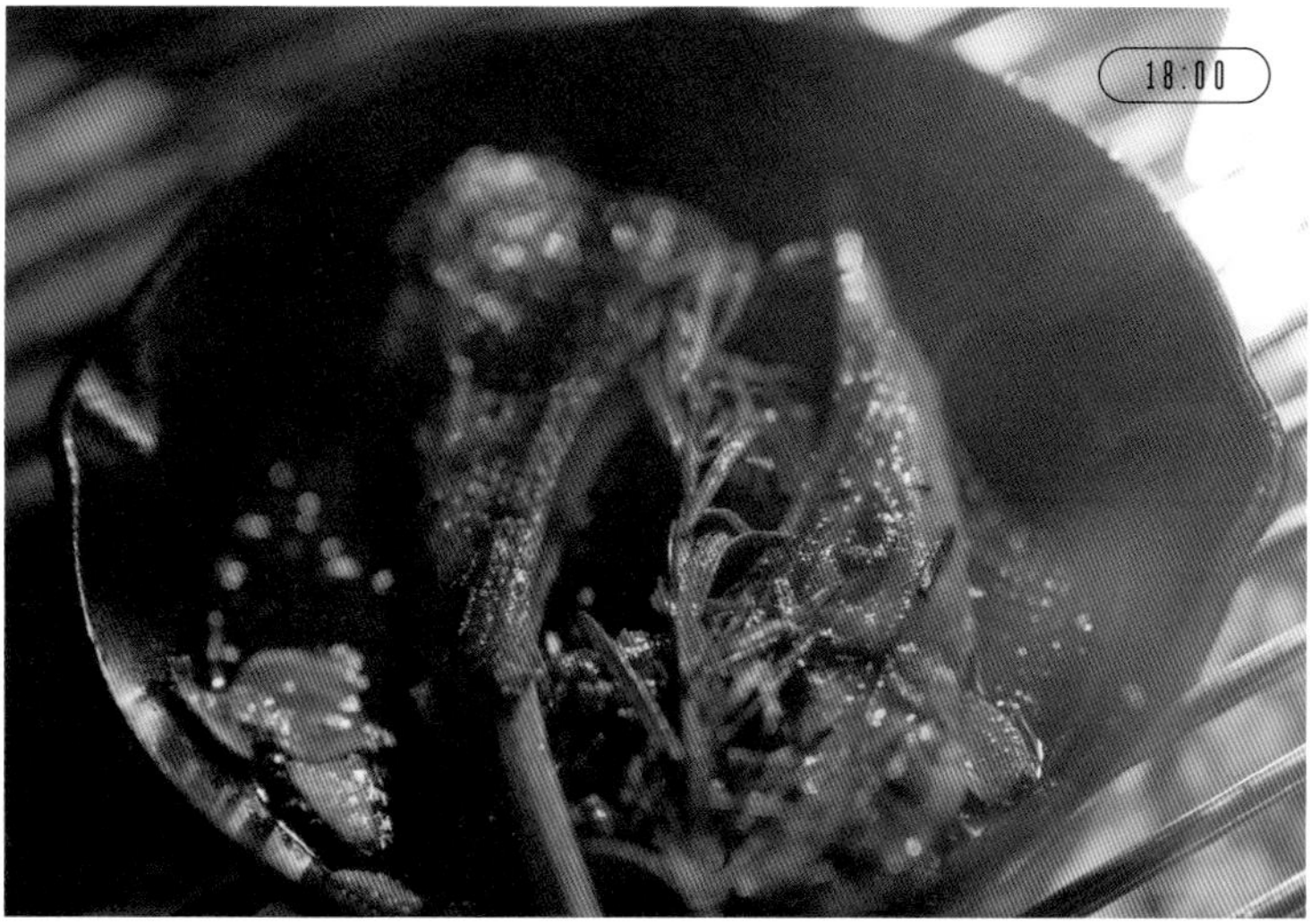

18:00 じっくり煮込む料理は焚き火向き。ゆらゆら揺れる炎を眺めたり、途中で薪を割ったりしていると、あっという間に時間が過ぎていきます。何時間でもずっと一緒にいられるのが焚き火の魅力です。

焚き火を前にお酒と料理を味わう贅沢

焚き火の準備ができたら、18時頃から夕食作りを開始。スキレットで肉を焼いたり、クッカーに野菜や肉を入れて煮込んだり。普段は面倒な煮込み料理も、焚き火を眺めながらだと焦らずにのんびり続けられます。手間をかけないシンプルな料理が中心ですが、大自然の中で食べるといつもよりさらに美味しく感じられます。

　お酒も、焚き火を眺めながらだと、普段より美味しく感じます。ただ、翌日早起きしてキャンプ場から見える朝日を楽しみたいので、飲みすぎには注意が必要です。

夜

night

20:00 夜空の撮影には、一眼レフと三脚を使うのがおすすめ。最近はスマホのカメラも性能が上がっていますが、暗い場所では一眼のほうが格段にきれいに撮影できます。雲がきれいな夏場は、夕方からの撮影もおすすめです。

星空に癒やされる幻想的なひととき

夕食を終えたら、のんびりくつろぐ時間です。山間部のキャンプ場では星空がきれいに見えるので、夜空を眺めてしばし幻想的な気分に浸ります。

テントから少し離れた場所に移動して、写真を撮ることも。なるべく光の入り込まない場所を選び、三脚を使ってミラーレスカメラで撮影していきます。

夏場は雲と星が並んだ不思議な風景が撮れたり、冬場は空気が澄んで星がよく見えたり、季節によって見える星空もさまざま。焚き火と星空を眺める静かな夜の時間は、日常では味わえない極上のひとときです。

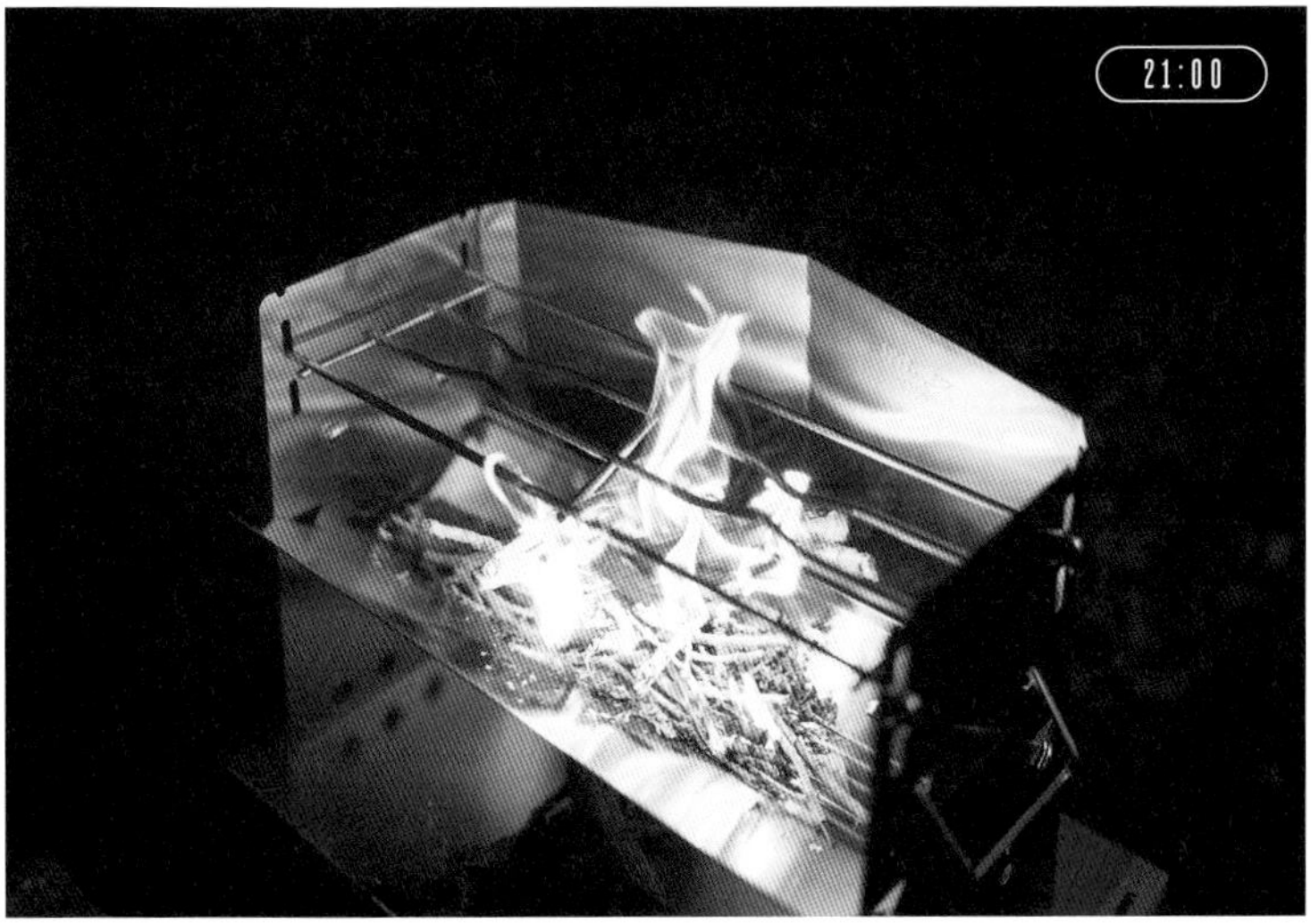

21:00 焚き火は21時か、21時半には消します。雨や霜で濡れないように、イスやテーブルなどもタープ内に片付けます。 22:00 歯磨きや洗顔を終えたらテントへ。眠くなるまで好きなことをして過ごします。

眠くなるまでテントでまったり

ほとんどのキャンプ場は、22時が消灯時間。21時30分頃には焚き火を消し、外に広げていた荷物を片付け、歯みがきや寝床の準備などをします。

　消灯時間以降は、なるべく音を立てずに静かに過ごすことが大切です。

　テントの中に入ったら読書をしたり、イヤホンをして音楽を聴いたり、のんびり過ごします。何気ないひとときですが、こうした時間も僕にとってはとても大切です。自然と眠くなるまでは好きなことをして過ごし、だいたい23時頃には眠りについています。

2日目：朝

day2: morning

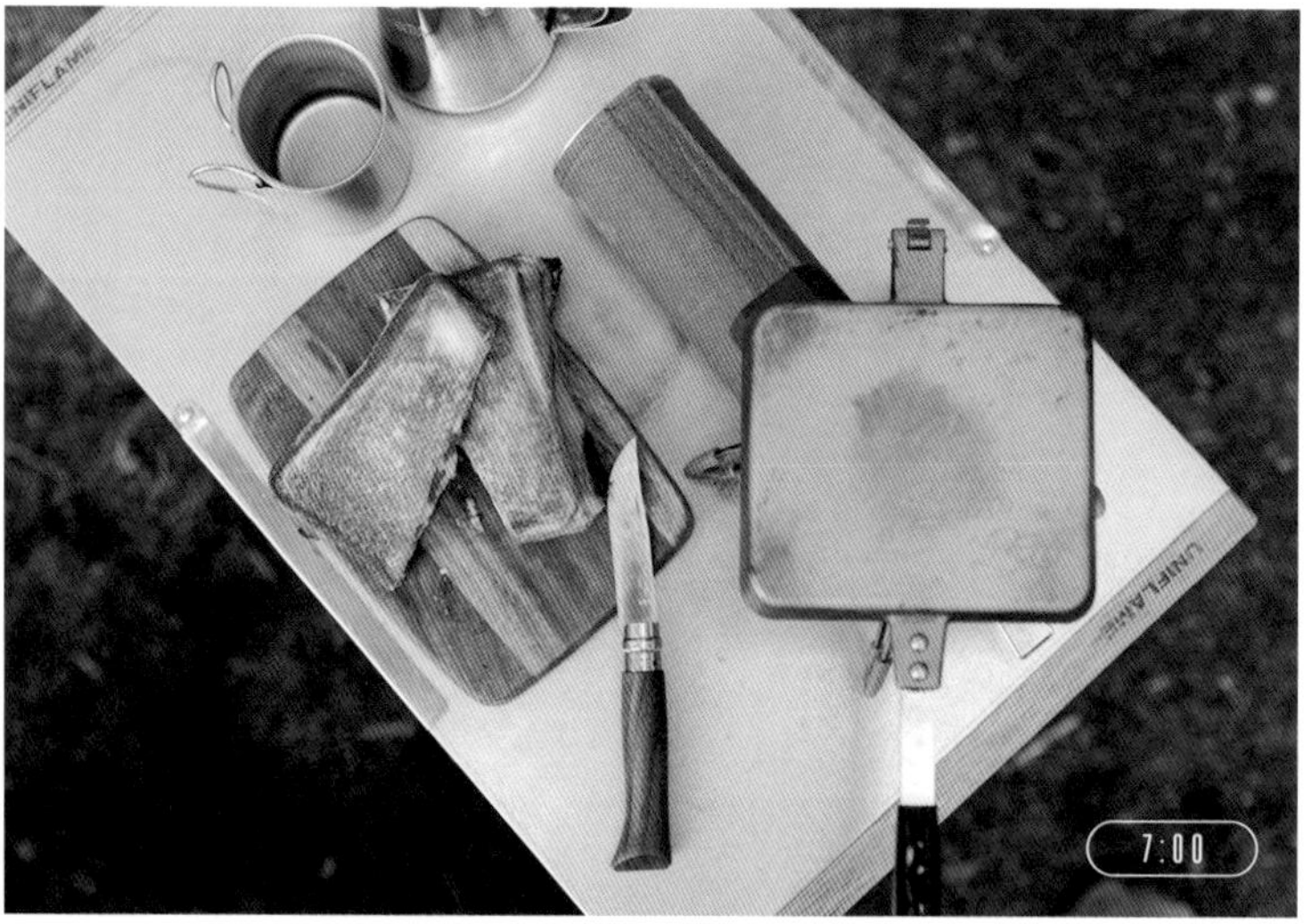

6:30 目が覚めたらテントの外へ出て身だしなみを整え、頭をすっきりさせます。7:00 ソロキャンプの定番朝ごはん、ホットサンド。レシピはP75に掲載しているものです。朝ごはんは簡単に作れるものが一番。

朝の澄んだ空気の中のんびり朝食を

キャンプ場の朝は、早くから始まります。テントのすき間から差し込む朝日や鳥のさえずりに誘われ、6時頃には自然と目が覚めることがほとんどです。

早朝の澄んだ空気を胸いっぱいに吸い込んだら活動開始。身支度を整えたら周囲を散歩したり、眠気覚ましに熱いコーヒーを淹れたり、朝日を眺めながらゆっくり過ごします。

朝食は、簡単でコーヒーにも合うホットサンド。ハムとチーズ、トマトを挟んだものがお気に入りでよく作っています。

朝食後は前日の夜の分も合わせて、後片付けをします。

昼前

before noon

9:00 晴れている日は、その場で寝袋やシートなどを干してしまいます。帰ってからの後片付けが少しでも楽になるように、キャンプ場でこうした工夫をすることも大切です。

11:00 食後に少しのんびりしたら、お昼前にはテントを片付け始めます。キャンプの終わりが近づいていることを実感し、少しだけ寂しさを感じる時間です。

名残惜しみつつ キャンプ場を後に

朝食が終わったら、天気がいい日は寝袋やグランドシートを地面や車の上などに広げて乾かします。次に使う時に、気持ちよく使うためのちょっとした工夫です。

そのまましばらくのんびり過ごしたら、お昼前には大きな道具から片付けを始めます。

お昼頃にはキャンプ場を出発。来た時と同じように、寄り道をしながら自宅へ向かいます。何度キャンプをしていても、キャンプ場から帰る時は少し名残惜しさを感じます。でも、それがきっとキャンプを楽しめた証拠なのだと思います。

車と撮影機材

キャンプに行く時に欠かせないのが、愛車と撮影用の機材。YouTube動画の撮影に使っている機材も、少しだけご紹介します。

BRAND
トヨタ
MODEL
ランドクルーザー70

YouTubeでもよく質問される車。走行中は地面の凹凸に合わせてガタガタ揺れるなど、乗り心地がいいとは言えませんが、悪路走破性と貨物性能に惚れ込み使い続けています。

僕はキャンプに行く時には、必ず車で移動しています。愛車は「ランドクルーザー70」。兄が乗っている姿に憧れ、社会人になったばかりの頃にはじめて購入した車です。

現代的な装備や機能はありませんが、貨物車なのでラゲッジスペースの積載量が多いのが特長。メンテナンスのしやすさや頑丈さもあって、キャンプや撮影にこれ以上適した車はないと思っています。ちなみに、今乗っているのは2台目です。

撮影機材 | photographic equipment

BRAND
パナソニック

MODEL
LUMIX S1

このカメラを選んだのは、僕が動画で表現したい色補正を行うために、必要なスペックを備えていたことが一番の理由。今となっては動画にも写真の撮影にも、なくてはならない存在です。

備品

(左から)三脚「レオフォトLQ-324C」/カメラ用マイク「SHURE VP83」、風防「SHURE A83-FUR」/レンズ「LUMIX S PRO 50mm F1.4」/レンズフィルター「可変NDフィルター」

車と同様に欠かせないのが、カメラ。「LUMIX S1」は堅牢性やバッテリー持続時間が高く、アウトドアで信頼できる機材で、動画と写真両方の撮影に使っています。他社のミラーレスカメラと比べると、サイズが大きく重量もありますが、その分大きなレンズと組み合わせた時のバランスがよく、使い込むほど安心感があります。

その他にも、撮影では三脚やカメラ用マイク、風の音を防ぐための風防、レンズ、レンズフィルターなども使用。特に、自然を撮る時に音は重要だと考えているため、マイクにもこだわっています。

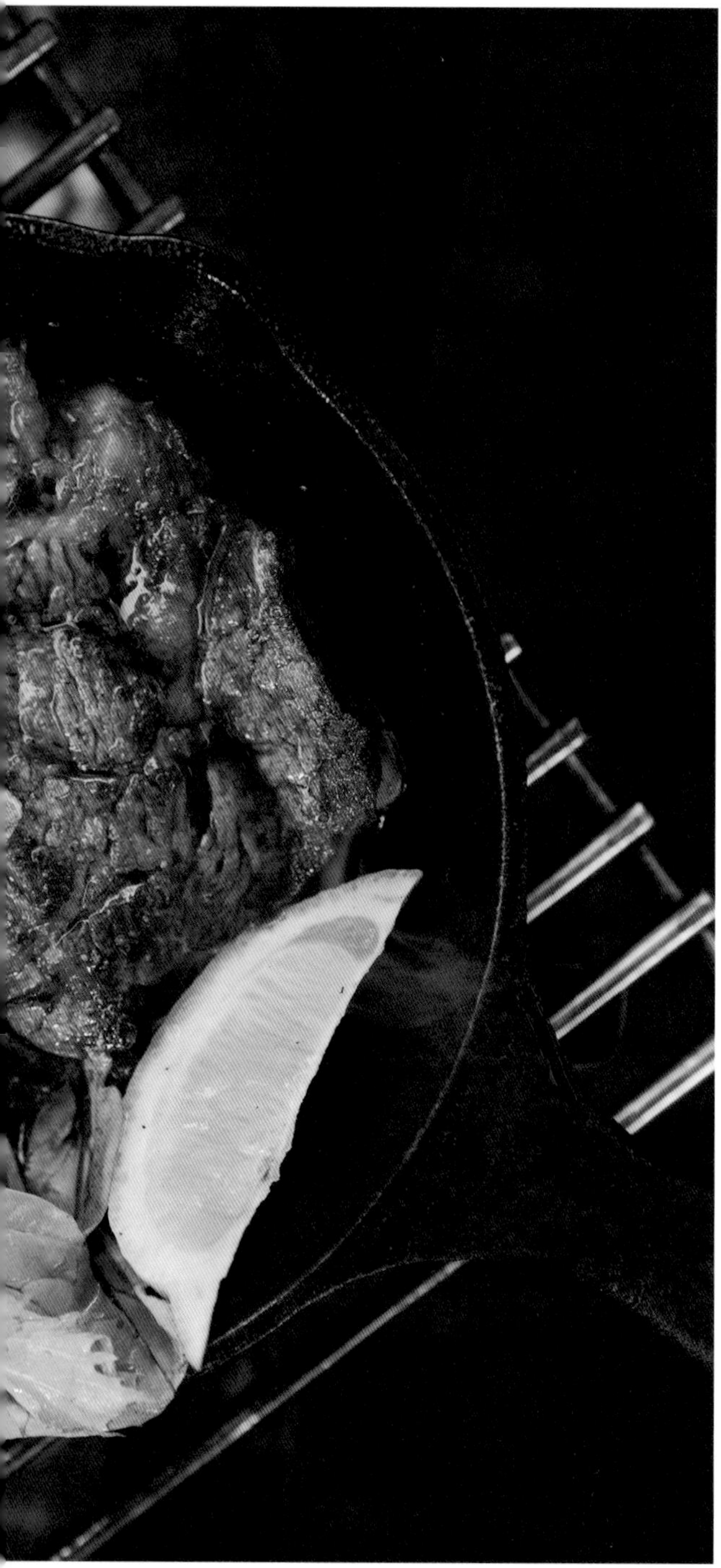

— *chapter.* 3

キャンプレシピ

camp recipe

キャンプの楽しみのひとつが、大自然の中で食べるごはん。
野外だからこそできる燻製から、さっと作れるおつまみ、朝食までご紹介します。

お手数ですが
切手を
お貼りください

郵便はがき

1 5 0 - 8 4 8 2

東京都渋谷区恵比寿4-4-9
えびす大黒ビル
ワニブックス書籍編集部

お買い求めいただいた本のタイトル

本書をお買い上げいただきまして、誠にありがとうございます。
本アンケートにお答えいただけたら幸いです。
ご返信いただいた方の中から、
抽選で毎月５名様に図書カード（500円分）をプレゼントします。

ご住所　〒

TEL（　　　-　　　-　　　）

(ふりがな)
お名前

年齢
歳

ご職業

性別
男・女・無回答

いただいたご感想を、新聞広告などに匿名で
使用してもよろしいですか？　（はい・いいえ）

※ご記入いただいた「個人情報」は、許可なく他の目的で使用することはありません。
※いただいたご感想は、一部内容を改変させていただく可能性があります。

●この本をどこでお知りになりましたか?(複数回答可)

1.書店で実物を見て　2.知人にすすめられて
3.SNSで(Twitter:　Instagram:　その他　)
4.テレビで観た(番組名:　)
5.新聞広告(　新聞)　6.その他(　)

●購入された動機は何ですか?(複数回答可)

1.著者にひかれた　2.タイトルにひかれた
3.テーマに興味をもった　4.装丁・デザインにひかれた
5.その他(　)

●この本で特に良かったページはありますか?

[　]

●最近気になる人や話題はありますか?

[　]

●この本についてのご意見・ご感想をお書きください。

[　]

以上となります。ご協力ありがとうございました。

現地で食べるごはんは、キャンプの楽しみのひとつ。焚き火の炎は眺めているだけで心がおだやかになりますが、その炎を使って料理を作ることは、キャンプ場ならではの贅沢です。

焚き火を囲み、星空を眺めながら料理を食べる。不思議なことに、野外で食べる料理は驚くほど美味しく感じます。僕の周りには、キャンプ場でのごはんが楽しみでキャンプをしているという人もいるほどです。

特に難しい料理を作る必要はありません。いつも家庭で作っている料理でもいいですし、手軽にすませたい時はレトルト食品でも十分。技術や手間は関係ありません。キャンプ場では、何を食べても美味しく感じるはずです。

キャンプ料理のコツ

camp cooking tips

設備が整ったキッチンと比べて、キャンプ場では何かと不便もあるもの。
キャンプ場でスムーズに調理を行うためのポイントをご紹介します。

1＿食材はカットして小分けにする

僕は、食材は事前にカットして保存袋などに必要な分だけを詰めて持って行くようにしています。後は焼いたり煮込んだりするだけ、という状態にしておくと作業が楽だからです。キャンプ場での手間を省くと同時に、キャンプ場で発生するゴミを最小限に抑えることで、帰りの荷物を削減できます。

2＿肉は下味を付けておく

食材は、なるべくキャンプ場で「焼くだけ」「煮込むだけ」の状態にしておくと扱いやすい上、衛生面も安心です。肉は前日のうちに下味を付けて冷凍しておくといいでしょう。当日の朝に冷凍庫から出して保冷バッグに入れておくと、夜にはちょうどいい具合に解凍されていて、調理しやすいはずです。

3 — 慣れないうちはガスバーナーが安心

焚き火を使った料理は雰囲気があり、また炎と煙で燻《いぶ》されるおかげか、普段より美味しく感じます。しかし、慣れないうちは焚き火の加減と料理の進行を同時に進めるのは大変で、火力が強すぎて焦がしてしまう可能性も。最初のうちは、ガスバーナーで安定した火力で料理すると失敗が少ないです。

4 — シェラカップをフル活用する

スタッキングできるシェラカップは、収納時に便利だとご紹介しました（P37）。実はそれだけでなく、食材を一時的に置いたり、加熱時に使ったり、計量したり、お皿やカップ代わりにすることも可能。アイデア次第で活用の幅が広がる万能品です。ソロキャンプの料理に便利なので、ぜひ活用してみてください。

5 — 衛生管理には最大限注意

暖かい季節には、クーラーボックスの保冷剤がすぐに溶けてしまうことも。肉類など、保冷が必要なものの管理は慎重に。また、肉類を調理した後の調理器具・食器の殺菌も大切。キャンプ場ではこまめに手洗いできない場合もあるため、除菌スプレーやアルコール入りのウェットティッシュがあると便利です。

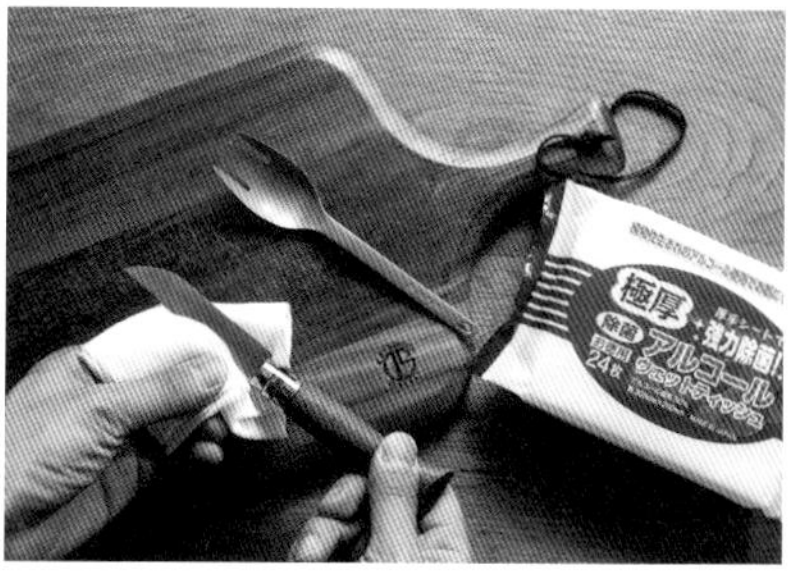

Recipe
1

鶏手羽先の簡単燻製

燻製はキャンプに行ったらぜひ一度試してほしいレシピ。
専用のスモーカーではなくフライパンを使えば、初心者でも手軽に作れます。

材料（1人分）

鶏手羽先…3本（180g）
塩、こしょう…各適量
ザラメ糖（好みで）…大さじ1
燻製チップ…ひとつかみ

道具

フライパン
アルミホイル
焼き網（フライパンに収まるサイズ）
トング

作り方

【調理】

1－ 鶏手羽先はキッチンペーパーで水気を拭き取り、塩、こしょうをふる。

2－ フライパンにアルミホイルを敷き、燻製チップと好みでザラメ糖をのせる。

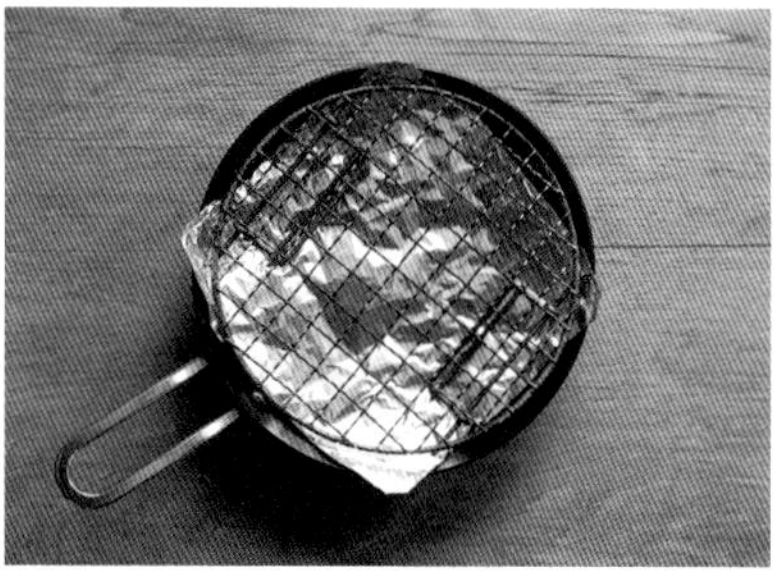

3－ 燻製チップの上にさらにアルミホイルをかぶせ、焼き網をおく。

4－ 焼き網の上に鶏手羽先を並べて蓋をする。または、フライパンを覆うようにアルミホイルをかぶせる。

5－ 蓋をして中火で30分ほど加熱する。15分ほど経つと煙が出始め、30分ほどでしっかり火が通る。

POINT

フライパンの大きさや焼き網の高さによって火の通り加減が変わります。火が通りにくい場合は、先に鶏手羽先を軽く炒めてから燻製にしてください。

Recipe
2

スペアリブ

自宅で肉の仕込みをしておくので、キャンプ場では焼くだけ。
とても簡単なのに、本格派の味が楽しめるレシピです。

材料（1人分）

スペアリブ…2～3本（150g）

【調味料】

はちみつ…小さじ1
酒…大さじ1
しょうゆ…小さじ1/2
にんにく（すりおろし）…小さじ1/2
しょうが（すりおろし）…小さじ1/2
塩、こしょう…各ひとつまみ
パセリ、レモン（ともに好みで）
…各適量

道具

スキレット（またはフライパン）
トング

作り方

【前日の下準備】

1－ジッパー付き保存袋に全ての調味料を入れてよく混ぜる。
2－1にスペアリブを入れてよく揉み、冷蔵庫で数時間おく。

【調理】

3－常温に戻したスペアリブをスキレットにのせ、中火で焼く。
4－焼き色が付いたら裏返し、両面にしっかり焼き色が付くまで焼く。

Recipe
3

ジャーマンポテト

大人も子供も好きなジャーマンポテト。
粒マスタードを加えて、少し大人向けの味付けにしています。

材料（1人分）

じゃがいも…大１個
ブロックベーコン…約100g
（またはソーセージ２～３本）
オリーブオイル…適量
にんにく（スライス）
…１かけ
塩、こしょう…各適量
粒マスタード…適量
ミニトマト（好みで）…適量

道具

スキレット（またはフライパン）
トング

作り方

【調理】

1－ じゃがいもは2cm大の角切りにする。
ベーコンは1cm幅に切る。
2－ クッカーなどに湯を沸かし、じゃがいもが
やわらかくなるまで茹でて水気をきる。
3－ スキレットにオリーブオイルと
にんにくを入れ、香りが出るまで熱する。
4－ ベーコンを加えて焦げ目が付くまで炒める。
5－ 茹でたじゃがいもを加え、
塩、こしょうで味付けする。
6－ 火を止め、粒マスタードを加えてあえる。
好みでミニトマトを添える。

Recipe 4

夏野菜カレー

キャンプの定番、カレーを野菜たっぷりの具だくさんアレンジに。
事前に野菜をカットしておくとスムーズに作ることができます。

材料（1人分）

豚ひき肉…100g
玉ねぎ…1/4個
にんじん…1/2本
オクラ…2本
ピーマン…1/4個
パプリカ…1/2個
ナス…1/4本
アスパラガス…1本
トマト…1個
じゃがいも…1/2個
サラダ油…大さじ1
水…200cc
カレールー…2かけ（約30g）

道具

クッカー
トング
お玉（または大きめのスプーン）

作り方

【前日の下準備】

1－ じゃがいも以外の野菜はひと口大にカットする。じゃがいもは当日カットする。

【調理】

2－ クッカーにサラダ油を熱し、豚ひき肉の色が変わるまで炒める。

3－ 玉ねぎ、じゃがいも、にんじんを加えて炒める。

4－ ある程度火が通ったらトマト以外の野菜を加え、さらに炒める。

5－ 水を加え、沸騰するまで煮込む。トマトを加えてさらに煮込む。

6－ カレールーを加えてとろみがつくまで煮込む。

Recipe
5

ステーキ

焼き加減の難しいステーキも、スキレットを使えばムラなく、旨味をとじこめて焼くことが可能。スーパーのお肉も極上の仕上がりに。

材料（1人分）

牛ステーキ用肉…200g
にんにく…1かけ
塩、こしょう…各適量
オリーブオイル…適量
（付け合わせ用）
　好みの野菜、レモン…適量

道具

スキレット
トング

作り方

【調理】

1－ 肉は常温に戻す。
　にんにくは薄くスライスする。
2－ 肉の表面に2～3cm間隔で切れ目を入れ、
　焼いた時に肉が反らないように筋を切っておく。
　塩、こしょうを全体にまぶす。
3－ スキレットにオリーブオイルをひいて熱し、
　にんにくを入れて香りを出す。
　しっかり香りが出たらにんにくを取り出す。
4－ 肉を入れ、中～強火でしっかり焼き色が
　付くまで2～3分焼く。
5－ 裏返して同様に2～3分焼き、
　好みの焼き加減になったら火を止めて
　2～3分休ませる。
6－ 好みの大きさに切って野菜を添え、
　好みでレモンをしぼる。

Recipe 6

ポトフ

ほっとひと息つける優しい味のポトフは、冬のキャンプにおすすめ。
焚き火でゆっくり煮込む時間も楽しいので、慣れてきたら挑戦してほしいです。

材料（1人分）

にんじん…1/2個
玉ねぎ…1/2個
ブロッコリー（またはキャベツ）…1房
じゃがいも…1/2個
ソーセージ（またはベーコン）…2本
塩、こしょう…適量

道具

クッカー
お玉（または大きめのスプーン）

作り方

【前日の下準備】

1－ じゃがいも以外の野菜は大きめにカットしておく。

【調理】

2－ じゃがいもは食べやすい大きさに切る。
3－ クッカーにじゃがいも、にんじん、玉ねぎを入れ、水（分量外）を野菜がひたるくらいまで加える。じゃがいもが柔らかくなるまで煮込む。
4－ ブロッコリー、ソーセージを加え、さらに5分ほど煮込む。
5－ 塩、こしょうをふって味をととのえる。

Recipe
7

えびとアボカドのアヒージョ

キャンプの鉄板レシピで、おつまみにもおすすめ。
具材は好きなものに変えてアレンジを楽しんでみてください。

材料（1人分）

アボカド…1/2個
むきえび…6尾
塩（塩もみ用）…小さじ1
オリーブオイル…適量
鷹の爪（輪切り）…小さじ1/2
にんにく（スライス）
…1かけ
ミニトマト…4個
塩…小さじ1/2

道具

スキレット

作り方

【調理】

1－アボカドはひと口大に切る。
2－えびの背わたを取り除き、
塩を軽く揉み込む。
3－スキレットにオリーブオイルをひき、
鷹の爪とにんにくを加えて熱する。
4－香りが立ったら火を弱め、アボカド、
むきえび、ミニトマトを加え、
えびに火が通るまで煮込む。
5－塩小さじ1/2を加え、味をととのえる。
好みでバゲットにのせて食べる。

Recipe 8

ハムとトマトとチーズのホットサンド

材料を重ねてホットサンドメーカーで焼くだけなので、誰でも簡単！
キャンプ場での朝食にぜひ作ってほしいレシピです。

材料（1人分）

食パン（6枚切り）…2枚
マヨネーズ…適量
マスタード（好みで）…適量
ハム…2枚
トマト（スライス）…1枚
スライスチーズ…1枚

道具

ホットサンドメーカー

作り方

【調理】

1－ 食パン1枚の片面にマヨネーズと好みでマスタードを塗る。
2－ ハム、トマト、チーズを順にのせ、もう1枚の食パンを重ねる。
3－ ホットサンドメーカーに挟み、両面がきつね色になるまで中火で片面ずつ焼く。

Column

アウトドアコーヒーの楽しみ方

大自然の中、焚き火や朝日を眺めながらコーヒーを味わうのも、キャンプの楽しみ。アウトドアコーヒーの美味しい淹れ方や、おすすめの道具などをご紹介します。

監修／タウトナコーヒー

美味しいコーヒーを淹れる鍵のひとつが、コーヒー豆選び。僕は普段、自家焙煎をしているお店で豆を買っています。新鮮な豆を使うことで、コーヒーが何倍も美味しくなるためです。

買う時は、粉ではなく豆を選ぶこともポイント。淹れる直前にグラインド（豆を挽いて粉にすること）することで、より香り高い一杯が味わえます。

こだわりの豆と淹れ方で、ワンランク上のアウトドアコーヒーを楽しんでみませんか？

キャンプにおすすめのコーヒー豆

ひと口にコーヒー豆と言っても、生産地によって味や香りはさまざま。
特に、キャンプにおすすめの4つの豆を紹介します。

recommended coffee beans 1

COUNTRY
ブラジル

香ばしく、飲みやすい口当たりで、万人受けしやすい味。どの時間帯でも美味しく飲めると思います。

recommended coffee beans 2

COUNTRY
インドネシア

どっしりとした飲み口の豆。中深煎りにするとハーブのような香りもあり、焚き火との相性が抜群です。

recommended coffee beans 3

COUNTRY
エチオピア

香りが強く、フルーティーで酸味がしっかりした味。製法にもよりますが、複雑な香味がクセになります。

recommended coffee beans 4

COUNTRY
グアテマラ

華やかな香りとチェリーのような酸味が特長。中煎りの焙煎だと軽めの口当たりになり、アイスコーヒーにもおすすめ。

自家焙煎の魅力

キャンプ道具を使って自分で焙煎すると、より新鮮なコーヒーが味わえます。やり方は、シェラカップやクッカーなどに生の豆を入れ、均一に焼き上がるようにバーナーなどで煎るだけ。余裕があるときはぜひ挑戦してみてください。

美味しいコーヒーの淹れ方

キャンプでコーヒーを淹れる時のおすすめの方法をご紹介します。
はじめての方も、これを参考に挑戦してみてください。

用意するもの（コーヒー250cc分）

- □コーヒー豆…20g
- □水
- □コーヒー豆用の計量スプーン
- □カップ
- □コーヒーグラインダー（コーヒーミル）
- □コーヒーフィルター
- □コーヒードリッパー
- □コーヒーケトル
- □コーヒーサーバー（計量目盛りの付いたカップやクッカーなどでも代用可）

1－

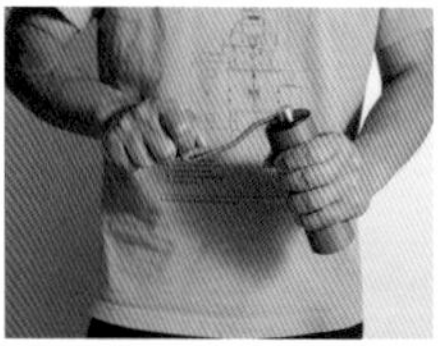

コーヒー豆を挽く（グラインド）。挽きたてが美味しいのでキャンプ場で挽くのがおすすめ。コーヒー豆は事前に量っておくと便利。

2－

お湯を沸騰直前まで沸かす。焚き火で沸騰させたお湯を使う場合は、一度コーヒーサーバーなどに移して少し冷ます。

3－

ドリッパーにフィルターをセットし、少しお湯を注いで湿らせる。紙の匂いを取ると同時に、抽出を安定させてくれる。

4－

1で挽いた粉を入れる。軽く左右にゆすって、表面を平らに整える。

5－

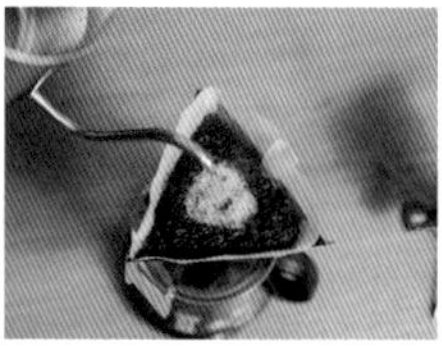

お湯を注ぎ、20～30秒蒸らす。その後、250ccのお湯を数回に分けて注ぐ。

6－

250cc分抽出できたら、カップに注ぐ。カップは事前にお湯などを注いで温めておく。

アウトドアコーヒーの道具

コーヒー用の道具は集め出すときりがないもの。
まず、最低限必要なものを僕の愛用品を例にご紹介します。

コーヒーグラインダー

BRAND
TIMEMORE

MODEL
Chestnut C2

細挽きから粗挽きまで調節できるつまみ付きで便利。1回分約20gの豆がちょうど入る大きさも機能的です。

コーヒー豆ケース

BRAND
ユニフレーム

MODEL
UF
キャニスター

容量は160mlで数回分の豆が入るステンレス製キャニスター。パッキン付きの蓋で密閉でき、保管にも優れています。

ケトル

BRAND
カリタ

MODEL
コーヒーポット
ステンレス製
細口0.7L

細口の注ぎ口で湯量が調整しやすいケトル。二重取っ手で、ハンドドリップがしやすいです。2～3杯分のお湯が目安。
※現在は廃盤

ドリッパー

BRAND
ミュニーク

MODEL
Tetra Drip
[TD-02S]

1人分のコーヒーにちょうどいい大きさ。3つの板状に分解でき、コンパクトに収納が可能。デザインもお気に入りです。

カップ

BRAND
スノーピーク

MODEL
チタンダブルマグ
220ml

チタンの二重構造で、保温性・保冷性ともに優秀。冬の屋外でも温かいコーヒーが冷めにくいです。220mlと小さめ。

ウォーターストレージ

BRAND
ハイドラパック

MODEL
シーカー 2L

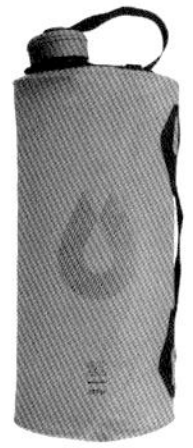

2Lの水が入るのに折り畳むと小さく、軽量で運搬も簡単。凍らせることもできるため、保冷剤としても使える万能品です。

— chapter. 4

デイキャンプを楽しもう

enjoy the day camp

少ない荷物でできるデイキャンプは、これからキャンプを始めたい人にもおすすめ。デイキャンプに適した場所選びから、過ごし方、あると便利な道具までご紹介します。

ソロキャンプを始めようと思っても、いきなり道具一式を買い揃えるのはハードルが高いと感じる人も多いと思います。

そこでおすすめしたいのが、日帰りで楽しめるデイキャンプ。実は僕自身も、朝出発して夕方には家に帰れるデイキャンプをすることの方が多いです。

断っておくと、デイキャンプだから楽しみが半減することはありません。道具が少なく、いつでも帰れる分、自由度が高いと感じることさえあります。

テントを設営して本格的なキャンプ気分を味わったり、河原で焚き火やコーヒーを楽しむことだって可能。自分のスタイルで気軽に楽しめるのが、デイキャンプならではの魅力です。

デイキャンプにおすすめの場所

places for day camp

デイキャンプができる場所は、実はキャンプ場以外にも。
注意点も参考に、目的に沿って場所選びをしてみてください。

デイキャンプ可のキャンプ場

はじめてキャンプをする人にも安心。キャンプ場によっては道具のレンタルもできるので、まだ道具を買っていない人でも挑戦できます。オートキャンプサイトなら、車を横付けできるので荷物が多い時にも便利。お気に入りのキャンプ場を見つけるための下見として利用しても。

→P86

森林公園・山(BBQ可の場所)

より自然に近い、ワイルドなキャンプをしてみたい人におすすめ。場所探しには少し苦労しますが、いい場所が見つかれば、キャンプ場よりも自然との一体感を得られます。コーヒーを淹れたり、ハンモックでのんびりしたりと、自分に合った楽しみ方が見つかるはず。

→P88

河原・渓谷

広々とした河原や渓谷は、近くに水があって、安心して焚き火が楽しめる場所。小さな焚き火台と必要最小限の道具をバックパックに入れ、散策気分で河原を訪れるのもおすすめ。夏には清流で涼んだり、夜は星空の写真を撮ったりと、河原や渓谷ならではの楽しみ方ができます。

→ P90

海辺・海岸

波の音や広大な風景を楽しめる海辺・海岸。焚き火をしたり、イスやテーブルを置いてBBQ気分を楽しんだりできます。近くに車が駐められる場所も多く、意外と難易度は高くありません。どの場所でも同じですが、しっかりルールを守り、後片付けやゴミの持ち帰りも忘れずに。

→ P94

場所選びの注意点

1 –

事前にルールをチェック

公園や河原は、管理者によってルールが全く異なります。テントやBBQが禁止されている場合も多いため、入場前に看板などを確認することが大切。分からない場合は、事前に管理者に問い合わせましょう。

2 –

火の取り扱い

国立公園や自然保護区など、場所によっては焚き火はおろか、ガスバーナーなどの火器の使用が禁止されていることも少なくありません。火を扱う場合は、必ず事前に管理者に確認を取るようにしましょう。

3 –

いざというときの備え

山や渓谷の奥深くへ進むと、スマホの電波が届かないことも。取り返しがつかないことにならないように、慣れない場所では日暮れ前に引き返すこと。山中の移動には、ヘッドライトや救急セットなどが必須です。

day camp case | 1

デイキャンプ可のキャンプ場での過ごし方

気軽にキャンプ気分を味わうならここ！

キャンプ経験がない人にもおすすめなのが、デイキャンプ可のキャンプ場。テントを張ったり、焚き火をしたり、宿泊するキャンプと同じような気分が味わえる場所です。

大きなキャンプ場なら道具の貸し出しをしているため、まだ道具を揃えていないという方にはうってつけです。

車を横付けできるオートキャンプ場なら、大きな荷物の持ち込みも簡単。買ったばかりのテントやキャンプ道具を試すにはちょうどいい環境です。僕自身もキャンプ場でデイキャンプをする場合は、気になる施設の下見や、新しい道具を試しに使ってみたいという理由で選ぶことが多いです。

オートキャンプ場を使う時は、テントを設置してキャンプ気分を盛り上げたり、フリーサイトの場合はテントは持たずにハンモックだけを使ったりすることも。ハンモックなら数分で設営できますし、荷物も少なくてすむので、慣れない人には気が楽だと思います。

お昼はできあいの昼食ですませたり、時には宿泊のキャンプと同様に焚き火をして調理を楽しんだりすることも。小さな焚き火台を使えば、後片付けもそれほど大変ではないため、時間が限られているデイキャンプでも安心です。

お昼を食べた後は、そのままゆっくりと焚き火を眺めるか、コーヒーを淹れてくつろぐことがほとんど。たった数時間のデイキャンプですが、これだけでもキャンプ気分を十分感じられるはずです。

もし、ホームページなどを見ても、気になっているキャンプ場がデイキャンプ可か分からなかったら。キャンプ場に直接問い合わせてみるのもひとつの手です。僕自身も、電話で確認したらデイキャンプ可だったことが何度かありました。

気軽に本格気分を味わえる、キャンプ場でのデイキャンプ。キャンプをスタートする第一歩として、ぜひ挑戦してみてください。

day camp
case

2

森林公園・山での過ごし方

自然を身近に感じて リフレッシュ

自然を身近に感じたい人におすすすめなのが、森林公園や山でのデイキャンプ。とにかく自然との距離が近く、野営に近いようなワイルドな過ごし方ができます。

僕は九州の田舎に住んでいるため、知り合いに山林を所有している方がいて、その方にお願いしてデイキャンプをさせてもらっています（山の利用は必ず所有者や管理者に許可を取りましょう）。

里山には車が横付けできる道はあまりないため、バックパックに必要な道具を入れ、散策がてら少し山を登ることがほとんど。ちょっとした山登り気分が味わえます。

開けた場所を見つけたらシートを敷いて、登山用の小さなテーブルを広げます。ハンモックを吊るせば、自分だけのくつろぎのスペースが完成です。

山の中には湧き水の採水場が多いため、汲んだ水を沸かしてコーヒーを淹れ、簡単な昼食をとります。お昼は持参したインスタントラーメン。普段食べている食事も、山の中だと不思議と何倍にも美味しく感じるものです。

森林公園でデイキャンプする場合も、基本的な過ごし方は山と同じです。景色のいい場所を見つけたらテーブルを広げ、コーヒーを淹れてのんびり時の流れを楽しみます。

どちらの場所を使う場合にも気を付けなければいけないのは、火器の使用の可否などの基本ルール。所有者や管理者への事前の確認は必須です。

特に、山火事には注意が必要です。冬場など、乾燥している時季は一瞬で炎が燃え上がるので、近くに落ち葉が多い場合は避けるなど、慎重に行動しましょう。万が一のために、火消し用の水や携帯消化器を準備しておくことも大切です。

ルールさえしっかり守れば、自然の中で思う存分リフレッシュできるのが、山や森林公園の大きな魅力。自然を身近に感じたい人は、ぜひ一度挑戦してみてほしいです。

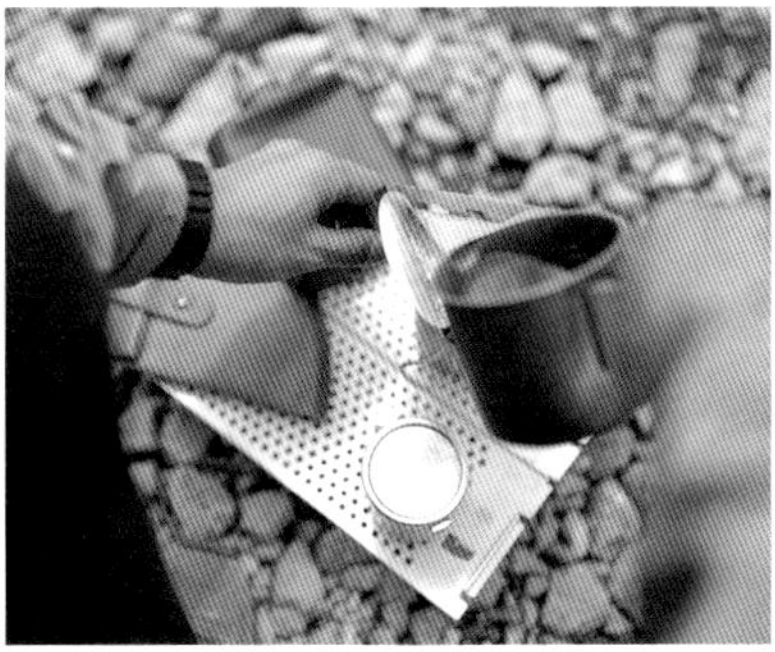

day camp case 3

河原・渓谷での過ごし方

少ない荷物で本格キャンプ気分

森林公園や山でのデイキャンプと同様に、自然を間近にワイルドな気分が味わえるのがここ。ただし、山よりも河原や渓谷のほうが軽装備ですむ場合が多く、山火事や遭難などの心配も少ないため、より気軽に楽しめると言えるでしょう。

つまり、本格的な雰囲気は味わいたいけど、山に行くのは不安という人にはぴったりな空間なのです。

僕が、河原や渓谷でのデイキャンプで何より魅力だと思うのは、焚き火のしやすい開けた環境だということ。キャンプ好きの多くの方がそうだと思いますが、僕も大の焚き火好き。そのため、焚き火をしやすい河原は願ってもない環境なのです。

　河原や渓谷に必ず持って行くものは、登山用の小さなガスバーナーとガス缶、小枝を燃やすための小さな焚き火台。木を切るためのナイフと小さなのこぎりも必要です。調理道具は小さめのクッカーかフライパンに、ケトル。食器類はカップ、コーヒーセットとスプーン、そして飲み水も忘れずに持って行きます。暗い時間までいるときは、ここにLEDランタンが加わります。また、ハンモックを持参することも多いです。

　文字にすると多く感じるかもしれませんが、実は宿泊するキャンプと比べるとかなり軽装備。全てバックパックに収まる量なんです。

　荷物を少なくする理由は、河原や渓谷の周りは、車で直接下りられる場所がないことが多いため。目的地が広々とした河原の場合は、小型のテントを持参して河原に設置して過ごすこともありますが、基本的にはなるべく軽い道具を厳選して、バックパックひとつに収まるように荷造りしています。

　これらの荷物を詰めたバックパックを背負い、河原へ向かって歩いていると、それだけで気持ちが盛り上がってきます。

　歩き続けて開けた場所に着いたら、まずはひと休み。夏場はサンダルのまま川に足を浸し、疲れを取ります。ひんやりとし

た水に浸かっていると、ここまで歩いてきた疲れがすーっとほぐれていくのを感じます。

携帯用のチェアを持っている場合は、河原にチェアを置いて足を川に浸けたまま過ごすこともあります。河原でなければ体験できない楽しみ方でしょう。

ひと休みしたら、登山用のテーブルを広げてタープを張り、自分の場所を確保。その後ナイフとのこぎりを持ち、近くを歩いて小枝を拾い集め、焚き火の準備をします。小さな焚き火台があれば、小枝だけでも十分楽しめます。

お昼頃、お腹が空いてきたらカップ麺やインスタントスープなど、手軽で温かい食べ物を作ります。午後はコーヒーを淹れたり、ハンモックに横になったり、のんびりとした時間を過ごします。さらさらとした川のせせらぎを聞いていると、日頃の疲れや悩みごとも吹き飛んでしまいます。

そのまま夕方までのんびりして、暗くなったら再び焚き火を楽しんだり、簡単な料理をしたりして過ごしています。

川のせせらぎを感じながら星空撮影

もうひとつ、河原のキャンプでおすすめしたいのが、星空写真の撮影です。木々が生い茂った山の中とは違って、河原は上空が開けていることが多く、星空撮影にはうってつけの場所。暗い時間までいられる場合は、ぜひ挑戦してほしいです。

撮影をしていると、つい夢中になってしまいますが、足元にだけは注意を。思わぬところに大きな石が転がっているため、つまづいてケガをしてしまったら、せっかくのキャンプが台なしです。暗くなったら、必ずヘッドライトなどを携帯するようにしましょう。

山と比べて危険が少ないとご紹介しましたが、河原や渓谷を利用する場合も、もちろん事前のルールの確認は重要です。

特に、焚き火の可否については、河川を管理している河川管理事務所などへ確認しておくと安心です。ルールさえ守れば、きっと最高のデイキャンプが過ごせるはずです。

day camp case | 4

海辺・海岸での過ごし方

夕暮れの海を前に焚き火を楽しむ贅沢

思い立った時に、ふらっとデイキャンプに行きたい。そんな人におすすめなのが、海辺や海岸です。

僕は夕暮れ前に行って焚き火をしたり、仕事帰りに立ち寄ったりしています。夕方を選んで行くのは、この時間が一番気持ちよく、海もきれいに見えるから。何も考えずに、景色を眺めてのんびり過ごすのにぴったりな時間なのです。

海岸に到着し、場所を決めたらイスとテーブルを設置。それから海岸沿いを歩いて、流木探し。薪代わりに使いますが、湿っていたり、煙が多く臭いが強いこともあるので、販売されている薪もあると安心です。

少し大きめの焚き火台を設置したら、焚き火をスタート。海に夕日が沈む様子を前に、焚き火の炎を眺めるひとときは、とても贅沢な時間です。

海辺では、バーベキューをすることもあります。焚き火台に網を置いて食材を焼いたり、フライパンやスキレットを持っていればお肉を焼いたり。潮風を感じながらの食事は、キャンプ場や山とはまた違った趣があります。暗くなると、焚き火の炎と波の音がさらに心地よく感じられます。海を行き来する船の光や星空も美しく、眺めているだけで癒やされます。

ただし、海沿いは風が強い日も多いため注意が必要。火の粉が飛んだり、道具が飛ばされたりすることもあるので、こうした日は避けるのが無難です。また、洗い場がないことも多いため、汚れ物を入れるビニール袋などがあるといいでしょう。

開放的な雰囲気が楽しめる海辺のデイキャンプ。海が近い人には、ぜひ試してほしいです。

デイキャンプを楽しむための道具

気軽に行けるデイキャンプは、なるべく持ち物を身軽にしたいところ。普段使っている中から、デイキャンプ向きのものを厳選して紹介します。

BRAND
DDハンモック
MODEL
DD
フロントライン
ハンモック

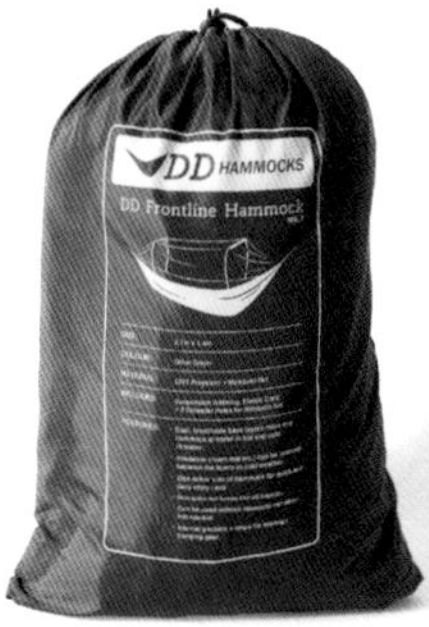

軽量でバックパックに収納できる定番のハンモック。素早く設営でき安定感も素晴らしく、安心して横になれます。蚊《か》帳《や》が付属していて、夏場も虫の侵入を防げるのがポイントです。

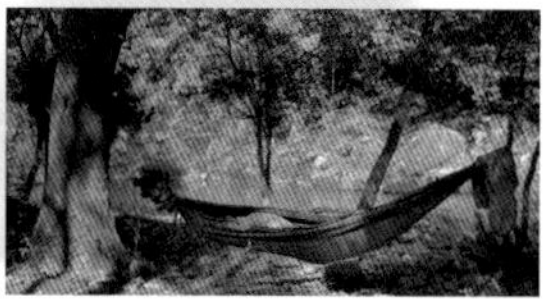

BRAND
スノーピーク
MODEL
ギガパワーストーブ
地 オート

古いモデルで、長く愛用していますが不具合は一度もありません。登山用に購入したもので、サイズはとてもコンパクト。火力はそれほど強くありませんが、お湯を沸かすには十分です。

BRAND
ユニフレーム
MODEL
ネイチャーストーブ

折り畳むと、手のひらにのる薄手の財布くらいのサイズになるのが最大の特長。底がメッシュになっていて、着火すると空気を吸い上げ、よく燃えます。これだけで調理も可能です。

BRAND
GSI
MODEL
グレイシャーステンレスケトル

ザックに収まる小型のステンレス製ケトル。ケトルの中にちょうどガス缶（OD缶）が収まるサイズです。取っ手にはひっかけ部分があり、焚き火用のトライポッド（三脚）にも吊るせます。

BRAND
パーゴワークス
MODEL
BUDDY22

22Lと大容量。ジッパーが下まで開けられて、物が取り出しやすい点がお気に入り。ポケットが大きく、軽くて頑丈な素材など、機能的で散策やデイキャンプにはぴったりです。

POINT　デイキャンプ用品はサイズ選びが重要

デイキャンプでは山や河原に行くことが多いため、車を横付けして荷物を運ぶことができず、バックパックひとつで移動しないといけないシーンが多くあります。そのため、大きくて重い道具ではなく、なるべく小さくて軽いものを選ぶのがおすすめです。また、重ねて収納できるものを選ぶと、スペースが有効活用できていいでしょう。

ただ、それ以前の問題として、持って行くもの自体を可能な限り少なくすることも、キャンプにおいては大切なことです。

Column

ファミリーキャンプを楽しもう

2人の子供がいる僕は、時々家族でキャンプに行くことも。
ファミリーキャンプの注意点や楽しみ方を、簡単にご紹介します。

キャンプ場で家族と一緒に過ごす時間は、ソロキャンプとはまた違った魅力がたくさん。自然の中でしか体験できないことや、家では教えてあげられないことがあり、親子の絆も深まるように思います。

僕自身としても、子供たちとテントで過ごしたり、料理や焚き火をしたりする時間は純粋に楽しく、毎回いい思い出になっています。

「そうは言っても、子供と泊まるキャンプはハードルが高い」という方もいるかもしれません。その場合は、デイキャンプやコテージ泊から始めて、徐々に慣れていくといいでしょう。

キャンプ場選びのポイント

子供連れのキャンプで注意したいことをまとめました。
ぜひ参考にして、充実したファミリーキャンプにしてください。

POINT 1 シャワー・水洗トイレの有無

たいていのキャンプ場には水洗トイレやシャワーが設置されています。ただし、管理が行き届いていない場所では実際には使えなかったり、設備に不具合があったりすることも少なくありません。気になる場合は、宿泊する前にチェックしておくといいでしょう。

POINT 2 レンタル品の充実度

はじめてファミリーキャンプをするなら、レンタル品や売店が充実しているキャンプ場が安心。慣れないうちは、現地で急に必要になるものが出てくることも。特に、子供と一緒の場合は予想外の事態が起きやすいため、売店があるといざという時に安心です。

POINT 3 子供が遊べるスペースの有無

キャンプ場によっては、子供が遊べる遊具や遊び場があることも。テント設営やごはんの準備中など、遊べる場所がないと小さな子供は退屈してしまいます。特に、お子さんがまだ小さく、1人で遊べない場合は、そうした場所があると助かるはずです。

POINT 4 状況次第でコテージも活用

お子さんが小さい場合は、夜泣きが心配な方もいるはず。実際、テントは音が外に漏れてしまうので、周りにキャンパーさんが多いと気を使います。不安な方は、コテージやヒュッテ（山小屋）があるキャンプ場を利用することをおすすめします。

子供連れでも安心なBBQ

小さな子供と一緒の焚き火は、急に手を伸ばしてきたり、煙でむせてしまったりと、不安も伴います。焚き火台の周りを囲む、囲い状のファイアーテーブルを使うなどの対策もできますが、予想以上になかなか調理が進まないこともあります。

　そんな場合は、少しハードルを下げて、薪ではなく炭を使ったバーベキューをしてみるといいでしょう。大きな炎や煙は出ませんし、火力の調整もそれほど難しくありません。自宅で食材を切って持参すればそれほど手間もかからないので、お子さんと一緒の場合も挑戦しやすいはずです。

自然の中を散策して楽しむ

自然豊かなキャンプ場に泊まったら、夕暮れからのナイトハイクや早朝の散策など、子供とキャンプ場内や周辺を歩いてみるのがおすすめです。

夏のキャンプ場にはさまざまな虫がいるので、子供は興味津々なはず。少し歩いているだけでもバッタやセミの抜け殻、ダンゴムシなど、いろいろな種類の虫に出合えます。もちろん、虫除けなどの対策は重要なので忘れずに。

秋はどんぐりに、コオロギの鳴き声。冬は透き通った空と星空。春は草花など、さまざまな発見と楽しさがあります。きっと普段の生活では、できない体験ができるはずです。

YouTube「モリノネチャンネル」に関する Q&A

YouTubeやSNSでよく聞かれる質問を集めました。
キャンプについてはもちろん、動画作りなど、
本文で紹介しきれなかったことも載せているので、参考にしてみてください。

Q1 — キャンプをする場所はどうやって探していますか？

A — まずはインターネットで気になる場所を探し、その後できるだけ事前に下見に行くようにしています。設備や周りの環境など、実際に行ってみないと分からないことも多いためです。地元でキャンプをしている仲間からの口コミも、貴重な情報源になっています。

Q2 — 1人でキャンプをしていて怖くないですか？

A — 山奥のキャンプ場など管理人さんが常駐しない場所で、他にお客さんもおらず、自分1人だけでキャンプをする時は少し勇気が必要です。そうした場合は、友人を誘ったり、安全面を考えて車中泊を選んだりすることもひとつの手段だと思います。

Q3 — キャンプレシピがとても美味しそうです！調理はどこかで勉強していましたか？

A — 特に専門的な勉強をしたことはありません。料理本やインターネットなどで調べたレシピに、自分なりにアレンジをしていることがほとんどです。

Q4 — モリノネさんは普段どんな仕事をしていますか？映像のプロの方ですか？

A — 中学生の頃から趣味でカメラや映像編集をしていましたが、ほぼ独学です。自分の価値観を発信したいと思ってスタートしたYouTubeでの動画投稿をきっかけに、さまざまな企業からPRのお手伝いをするお話など、映像制作の依頼が増え、ありがたいことに現在では仕事に結びついています。

Q5 — 動画編集に使用しているソフトを教えてください。

A — 「DaVinci Resolve」というソフトを使用しています。基本的な機能なら無料版でも十分に使えるので、動画制作をやってみたいという方にもおすすめです。

Q6 — YouTubeを始めたいです。何から始めればいいですか？

A — まずは実際に撮影・編集してみることをおすすめします。最近は動画機材や編集ソフトがとても充実していますし、映像編集のやり方を紹介しているYouTube動画なども多くあります。興味がある方は、今できる範囲で動画を作ってみるといいのではないでしょうか。高価な機材を揃えるのは、本格的に挑戦したくなってからで十分間に合うと思います。

おわりに

ソロキャンプについての書籍出版のお話をいただいた時、「はたして自分に務まるだろうか？」という不安が少なからずありました。

打ち合わせを進めていく中で、僕が運営しているＹｏｕＴｕｂｅ「モリノネチャンネル」のようなおだやかで自然体なキャンプについて書いていくという内容や、写真をたくさん掲載しようという方針が決まり、胸が躍りました。

実際に制作が始まると、文章を書くことも写真を撮ることも楽しく、徐々に書籍ができあがっていくと、なんとも言え

ない嬉しさが込み上げてきました。

この本を手に取ってくれた方にとって、「こんなソロキャンプをやってみたい」という参考になったとしたら、僕としては本当に嬉しく思います。

今回、はじめての書籍出版でご迷惑をかけてばかりの自分を、最後まで丁寧にフォローしてくれたワニブックス書籍編集部の皆様には、心からお礼を申し上げます。

また、限られたスケジュールの中、ギリギリまで根気強くやり取りをしてくれた担当の長島さんには、この場を借りて深く感謝を申し上げます。

商品問い合わせ先

株式会社モチヅキ（サーマレスト）
TEL：0256-32-0860

キャプテンスタッグ株式会社（キャプテンスタッグ）
TEL：0256-35-3117

トラスコ中山株式会社（トラスコ）
TEL：0120-509-849

株式会社良品計画（無印良品）
TEL：03-3538-1311（無印良品 銀座）

ロストアロー（ブラックダイヤモンド）
https://www.lostarrow.co.jp/store/

ハスクバーナ・ゼノア株式会社（ハスクバーナ）
TEL：0570-550933

株式会社ユーエム工業（シルキー）
TEL：0794-63-6111

株式会社アンプラージュインターナショナル（モーラナイフ）
https://upioutdoor.com

株式会社ハイマウント（ハイマウント、オピネル）
TEL：03-3667-4545

イタリア商事株式会社（バウルー）
TEL：045-910-1890

ユニバーサルトレーディング株式会社（ダグ）
TEL：048-225-7756

イワタニ・プリムス株式会社（トランギア）
TEL：03-3555-5605（お客様専用電話窓口）

株式会社エバニュー（エバニュー）
TEL：03-3649-3135

株式会社 ベルモント（ベルモント）
TEL：0256-36-1081

キャンパルジャパン株式会社（オガワ）
TEL：0800-800-7120

コールマン ジャパン株式会社（コールマン）
TEL：0120-111-957

株式会社ビッグウイング（スタンレー、スナグパック、AOクーラーズ）
TEL：06-6167-3005

株式会社スノーピーク（スノーピーク）
TEL：0120-010-660

新富士バーナー株式会社（ソト）
TEL：0533-75-5000

株式会社 新越ワークス（ユニフレーム）
TEL：03-3264-8311

株式会社エイアンドエフ（ベアボーンズ、ロッジ、GSI）
TEL：03-3209-7575

株式会社カリタ（カリタ）
TEL：045-440-6444

株式会社ケンコー社（ハイドラパック）
TEL：06-6374-2788

レッドレンザージャパン株式会社（レッドレンザー）
TEL：03-5637-7871

有限会社トラウター（オレゴニアンキャンパー）
TEL：03-6805-8216

株式会社パーゴワークス（パーゴワークス）
TEL：042-312-2865

DD hammocks JAPAN（DDハンモック）
TEL：0774-66-6155

TIMEMORE JAPAN（TIMEMORE）
https://timemore.jp/

ミュニーク（ミュニーク）
http://www.munieq.com

佐藤商事株式会社（ケヴンハウン）
TEL：03-5218-5338

撮影協力先

うめキャンプ村 そらのほとり
〒879-3302 大分県佐伯市宇目南田原2513-3
TEL：0972-54-3088

藤河内渓谷キャンプ場
〒879-3402 大分県佐伯市宇目木浦藤河内
TEL：0972-54-3938

熊谷牧場・雛戸 ブルーベリー・キャンプガーデン
〒879-5101 大分県由布市湯布院町塚原609-67
TEL：0977-28-2320

高平キャンプ場（おおいた里の駅 たかひら展望公園）
〒876-2301 大分県佐伯市蒲江大字竹野浦河内2156-171
TEL：0972-42-1880

鉄山キャンプ場
〒879-4911 大分県玖珠郡九重町田野1712-553
TEL：0973-79-3102

タウトナコーヒー 六坊焙煎所
〒870-0841 大分県大分市六坊北町4-5-2
TEL：097-574-9933

Staff

Photographs	モリノネ
Art Direction	松浦周作（mashroom design）
Book design	時川佳久（mashroom design）
Proofreading	東京出版サービスセンター
Edit	長島恵理（ワニブックス）

おだやかに過ごす

はじめてのソロキャンプ

著者　モリノネ

2021年11月24日　初版発行

発行者	横内正昭
編集人	青柳有紀
発行所	株式会社ワニブックス 〒150-8482 東京都渋谷区恵比寿4-4-9　えびす大黒ビル
電話	03-5449-2711（代表） 03-5449-2716（編集部）
ワニブックスHP	http://www.wani.co.jp/
WANI BOOKOUT	http://www.wanibookout.com/

印刷所	株式会社 美松堂
DTP	株式会社 明昌堂
製本所	ナショナル製本

※本書で紹介しているアイテムはすべて著者の私物です。
商品の仕様が変更になったり、現在購入できない場合がございますのでご了承ください。

ISBN 978-4-8470-7125-6